中华优秀传统文化青少年通识读本

图说
中华优秀传统文化
民俗礼仪

万迎 秦野 张琦 编著

东北大学出版社
·沈阳·

ⓒ 万 迎 秦 野 张 琦 **2017**

图书在版编目（CIP）数据

图说中华优秀传统文化. 民俗礼仪 / 万迎，秦野，
张琦编著. —沈阳：东北大学出版社，2017.12（2025.1 重印）
ISBN 978-7-5517-1782-3

Ⅰ. ①图… Ⅱ. ①万… ②秦… ③张… Ⅲ. ①中华文
化-青少年读物②风俗习惯-中国-青少年读物③礼仪-
中国-青少年读物 Ⅳ. ①K203-49

中国版本图书馆 CIP 数据核字（2017）第 328170 号

出 版 者：东北大学出版社
　　　　　地址：沈阳市和平区文化路三号巷 11 号
　　　　　邮编：110819
　　　　　电话：024-83687331（市场部） 83680267（社务部）
　　　　　传真：024-83680180（市场部） 83687332（社务部）
　　　　　网址：http://www.neupress.com
　　　　　E-mail：neuph@neupress.com
印 刷 者：三河市万龙印装有限公司
发 行 者：东北大学出版社
幅面尺寸：170mm×240mm
印　　张：11
字　　数：158 千字
出版时间：2017 年 12 月第 1 版
印刷时间：2025 年 1 月第 4 次印刷
责任编辑：向 阳 王 程
责任校对：梁 洁
封面设计：潘正一
责任出版：唐敏志

ISBN 978-7-5517-1782-3　　　　　　定 价：38.00 元

"悦读"中国，"图说"文化

在我的童年里，书很少，值得读的有价值的书更少。那时候，总是几个小伙伴共享一本书，一个人朗读给一群人听，然后大家分享。那时候最喜欢的书，是图文并茂的，即使没有配图，我们也会想象出无穷无尽的画面。

那时候总是对历史文化方面的书有着特殊的情感，甚至是执着。长大以后，成为教师，成为中华优秀传统文化的传播者，更是把编写少儿国学文化普及读物作为自己的一项使命。

带着儿时的执念，也带着对中华文化的热爱，我们为青少年朋友编写了这套"图说中华优秀传统文化"丛书。

这套丛书从青少年的兴趣出发，围绕科技发明、江河湖海、文治武功、文化古迹、书法绘画、经史子集、民俗礼仪、百家争鸣、名人典故、文史趣谈、名山胜地、历代珍宝等十二个主题，通过中华文化核心理念、故事、图片、思考、诗文等板块，图文并茂、全方位地解读中华文化。阅读本书，你能感受到——

仰望星空，俯察大地，铸鼎烧瓷，琢玉雕金，四大发明纵横世界，先人的智慧与汗水凝聚古今！

浩浩长江，巍巍昆仑，三山五岳，青海长云，黄河之水天上来，那是九州血脉！

秦皇汉武，唐宗宋祖，文治武功，永乐康乾。以经天纬地智慧，谋万民福祉，开创盛世中华！

万里长城，都江古堰，布达拉宫，紫禁之巅，圣哲先贤的身影，穿梭于秦时明月汉时关！

一点朱红，万般青翠，工笔写意，凤舞龙飞，颜筋柳骨勾勒出炎黄子孙的雄壮华美！

圣人辈出，述往思今，栉风沐雨，百家争鸣，经史子集里谱写着任重道远的担当！

"悦读"中国，"图说"文化。愿这套书带给你一股温暖、愉悦的力量。

秦　野

2017年9月

目 录
CONTENTS

大年三十儿熬一宿——除夕

年画娃娃

　　"除夕"指的是每个农历年的最后一个晚上，一般是指腊月二十九或腊月三十，"除"指的是去除，"夕"是晚上的意思。

"长寿富贵"钱币

图 说

在除夕的晚上，长辈要给晚辈"压祟钱"，意为压住邪祟，保佑晚辈在新的一年里健康平安，而晚辈也要给长辈"压岁钱"，意为压住长辈的寿数，保佑长辈可以健康长寿。因为"岁"与"祟"谐音，后来就只叫"压岁钱"了。最早的压岁钱也叫"厌胜钱"，从汉朝时就已经出现了，这种钱的正面铸有"千秋万岁""天下太平""去殃除凶"等寓意吉祥的文字，背面则铸有龙凤、龟蛇、双鱼、斗剑、星斗等各种图案。这种钱属于私人铸币，不能在市面上流通。将压岁钱作为流通货币，大概是在宋朝之后。明清时期的压岁钱会用彩线穿成龙形，而到了民国时，就干脆直接用红包包上100文钱，取个"长命百岁"的寓意了。

守岁

在我国目前所能查到找的文献记录中，"除夕"一词最早出现在西晋周处所著的《风土记》，书中记载道："蜀

清·苏六朋《钟馗守岁》

之风俗，晚岁相与馈问，谓之馈岁。酒食相邀为别岁。至除夕，达旦不眠，谓之守岁。"

从这个文献中我们可以看到，早在西晋的时候，每年的最后一天，人们都会通宵不眠，并把这个过程称为"守岁"，这个传统一直被保留到现在。

我国最早记录楚地岁时节令、风物故事的笔记体专书——南朝梁宗懔所著的《荆楚岁时记》，则对如何守岁做了具体的描写："岁暮，家家具肴蔌诣宿岁之位，以迎新年。相聚酣饮。留宿岁饭，至新年十二日，则弃之街衢，以为去故纳新也。"这段话的意思是说："除夕之夜，家家户户备办美味佳肴，到守岁的地方，迎接新年的到来，一家人在一起开怀畅饮。留下些守岁饭，到新年的第十二日，就把它撒到大路边或街道旁，认为有吐故纳新的意思。"

至于守岁的原因，也有两种说法，一种是除夕之夜有鬼祟出没，夺人性命，因此大家要聚在一起，以免受害；

还有一种说法是除夕过后人们又长了一岁，大家在旧年的时候一宿不睡，提醒自己要珍惜时光。

年夜饭

每个农历年的最后一顿晚饭，被称为"年夜饭"，又称"团圆饭""合家欢""除夕酒""守岁饭"等。我国古代人民的家族观念很重，十分讲究"阖家团圆"，因此，每逢过年，身处外地的人常常要不远万里、风雨无阻地往家赶，只为全家能够开开心心吃上一顿"团圆饭"。

为了庆祝一年的丰收与全家的团聚，年夜饭的讲究也是最多的。

北方有在年夜饭时吃饺子的传统，这个传统早在明朝时便已出现，直到清朝时，因为"饺子"与表达着"子时交替了除夕（旧年）与春节（新年）"意思的"交子"谐音，这个传统才被民间更广泛地传承下去。

又因为饺子的形状十分像元宝，有招财的意思，有些地方的人还会将消过毒的硬币包进饺子中，假若谁吃到了包着硬币的饺子，就象征着来年会更加财运亨通。

南方在年夜饭时常常会吃汤圆或者年糕，表达"团团圆圆"或"年年高（糕）"的意思。

而象征着"年年有

1953年春节，天津市汉沽区芦台王德铸一家人吃年夜饭

余"的鱼，则更是餐桌上必不可少的一道美食。

　　年夜饭是要吃一整夜的，除了让人饱腹的主食之外，餐桌上也少不了一些能讨到口彩的小零食，比如枣——春来早，柿饼——事如意，杏仁——幸福来，豆腐——全家福，花生（即长生果）——长生不老……

清朝末年西洋摄影家拍摄的厦门一户人家春节宴请亲友

窗花剪纸"四季平安"

图说

　　"腊廿八，贴窗花。"窗花是贴在窗纸或窗户玻璃上的剪纸，南方以"精致"为美，其特点是玲珑剔透；北方以朴实生动为美，其特点是天真浑厚。窗花的剪刻形式有四种，一是用红纸剪刻，二是套色剪纸，三是浮雕剪纸，四是彩色窗花。彩色窗花又有染色和衬色之分：染色窗花先刻后染，衬色窗花是用金箔纸和锡箔纸剪刻出主体纹样，然后在其背后衬上各色彩纸。

阖家守岁

图说

守岁的"守",既有对即将逝去的旧岁怀留恋之情,也有对即将到来的新年怀希望之意。

诗文链接

客中守岁

唐·白居易

守岁尊无酒,思乡泪满巾。

始知为客苦,不及在家贫。

畏老偏惊节,防愁预恶春。

故园今夜里,应念未归人。

欢欢喜喜过大年——春节

我国第一套春节邮票

　　春节是中国最重要的节日之一，从标志着新年伊始的正月初一开始，一般要延续到正月十五之后才算正式过完了春节。

　　中国人庆祝春节的历史超过了4000年，但是"春节"这一词语的使用却还不过百年。

清代西洋画家画的春节祭祖图

在古代，中国人将每年的第一天称为"元旦"，"元"是"首"的意思，"旦"是"日"的意思。"元旦"一词最早出现于《晋书》："颛帝以孟夏正月为元，其实正朔元旦之春。"

康熙通宝福字钱币

需要注意的是，"元旦"所代表的只是"新年的第一天"，而非"特定的某一天"。中国古代的各个朝代，由于所使用的纪年方法并不完全一致，因此，有的朝代的元旦出现在农历十月，还有的出现在农历腊月。

那么，为什么现在的"元旦"被改称"春节"，每年公历的

1月1日又称为"元旦"了呢？

这是因为，在清朝宣统三年十一月十三日这天，宣统皇帝溥仪宣布退位。之后，孙中山先生所领导的中华民国临时政府宣告成立。中华民国临时政府废弃了代表帝制王朝的帝制年号，转而使用当时国际上大多数国家都在使用的公历纪年法（但用民国纪年），以黄帝纪元4609年11月13日，即公历1912年1月1日为中华民国元年元旦。1949年9月27日，第一届中国人民政治协商会议，在决定建立中华人民共和国的同时，也决定采用世界通用的公

清·姚文瀚《岁朝欢庆图》

元纪年法。考虑到当时的人们还在使用干支纪年法（即农历），因此，在区别两个纪年法所带来的两个"新年第一天"的问题上，决定以公历的1月1日为"元旦"，而将在农历"立春"节气前后的农历的正月初一仍称为"春节"。

在春节这一天，人们会举行各种活动，从此来庆祝新的一年的到来，并祈求在新的一年里能够顺顺利利、平平安安。

拜年

拜年是人们在辞旧迎新之时，对幼小祝贺成长健康、对尊长祝贺生命延续、对同龄人祝贺吉祥顺利的一种有着美好祝福意味的活动。

早在东汉时期，崔寔就在《四时月令》上对拜年的习俗做了表述："过腊一日，谓之小岁，拜贺君亲。"这里的所谓"君亲"指的是天子、王侯和各级长官，及其家族中的尊长们。

在拜年时，晚辈需要先给长辈拜年，祝福长辈健康长寿，然后再由长辈将代表着能够镇压邪祟的"压岁钱"发给晚辈，祝福晚辈在新的一年里能够平安健康。

当人们在自己家中互相完成了拜贺新年的祝福之后，还要走出家门，带上各式礼品，向其他家族长辈、知己好

旧时春节见面时拜年

旧时春节时向长辈拜年

友等进行拜年。到其他人家进行拜年的时候，可以根据双方的亲疏关系来斟酌停留时间，如在直系血亲家中，就可以多做停留，与长辈座谈、吃饭等；而到一些朋友家的时候，除非主人家刻意挽留，否则不宜久坐，寒暄结束就应告辞；至于常常见面但并不特别熟悉的街坊，是不太适宜登门拜访的，只是在新年中见到第一面的时候要相互说一些诸如"新年好""恭喜发财""万事如意"这样的吉祥话。

放鞭炮

据南朝梁宗懔所著的《荆楚岁时记》记载，正月初一一早人们要"鸡鸣而起，先于庭前爆竹，以辟山臊恶鬼"。

爆竹最早是将一段两端闭合的竹节放在火中烧灼，直到竹节爆裂发出声响，以此来达到惊走猛兽、恶鬼的目的。到了唐代，人们开始将火药填充在竹筒之内，点燃火药，产生巨大的声响，叫作"爆仗"。如今的"鞭炮"则是用纸把火药卷起来，两头堵死，点燃引火线后能爆裂发声的东西。但不管名称与外形如何变化，它的主要功能一直延续着惊走猛兽、邪祟、带来好运的美好愿望。

1956年春节，北京市宣武门外牛街的杨老太太正在看小孙女们游戏

贴门神

在中国民间，大门是全家安全的保障，人们相信在门上贴上能够驱鬼辟邪的人物画，可以保护家宅的安宁。

东晋干宝所著的《搜神记》中记载："今俗法，每以腊终除夕，饰桃人，垂苇索，画虎于门，左右置二灯，象虎眠，以驱不祥。"到了南朝的时候，宗懔在《荆楚岁时记》对这一习俗描述得更加详细："岁旦，绘二神贴户左右，左神荼，右郁垒，俗谓之门神。"

"神荼""郁垒"是两位古神的名字，他们以善于抓鬼而被人们传颂。汉代王充所著的《论衡·订鬼》中，曾引用了一段《山海经》的内容，对这两位古神做了介绍："沧海之中，有度朔之山，上有大桃木，其屈蟠三千里，

清代西洋画家画的新春木偶戏

1957年，天津市天后宫春节庙会景象

其枝间东北曰鬼门，万鬼所出入也。上有二神人，一曰神荼，一曰郁垒，主阅领万鬼。善害之鬼，执以苇索而以食虎。於是黄帝乃作礼以时驱之，立大桃人，门户画神荼、郁垒与虎，悬苇索以御凶魅。"这段话的意思是说，东海里有座度朔山。山上有一棵盘曲三千里的大桃树。这棵桃树东北的枝干间，是各种鬼出入的通道，叫作鬼门。山上有两个神，分别叫神荼、郁垒，负责检阅这些鬼。如果鬼做了坏事，神荼、郁垒就会将它们捉住，用绳子捆起来，送去喂虎。于是黄帝就设置了仪式用来时刻驱散鬼怪，他用桃木刻成神荼、郁垒和老虎的模样，或在桃木板上刻上神荼、郁垒的名字，用绳子挂在自家门口，用以避邪防害。

到了唐朝，唐太宗李世民有一段时间常常做噩梦，这让他感到很害怕，于是就找大臣们商量，有的人说不如让秦琼元帅与尉迟恭将军两个人守在门外。唐太宗觉得这个办法可以一试，当天晚上，秦琼与尉迟恭披坚执锐站在宫门两旁，唐太宗果然睡了一个安稳觉。但是久而久之，秦琼与尉迟恭受不了每晚不能睡觉，唐太宗就想了个办法，让宫廷内的画师照着他们画像，画好后贴在宫门上。此后，唐太宗、秦琼、尉迟恭三个人都能睡上好觉了。后来，这个传说传到了民间，秦琼与尉迟恭的画像逐渐取代了神荼、郁垒两位神仙，变成了新一代的门神。

春联

春联源自于桃符，画着人物像的桃符在历史演变的过

春联和福字

图说

"福"字现今的解释是"幸福"，而在过去则指"福气""福运"。民间为讨"口彩"，表达自己对幸福生活的向往，会将"福"字倒过来贴，表示"幸福已到""福气已到"。

程中成为了贴在大门左右门板上的门神像，而写着古神名字以祛除鬼魅的长条形的桃木板，则逐渐变成了以红纸写着对仗词句的春联。

被敦煌莫高窟藏经洞所保留的，由唐朝人刘丘子于开元十一年（723）所撰写的"三阳始布；四序初开"，是目前我国所发现的最早的一副对联，这比更为人熟知的，由五代十国时期后蜀末代皇帝孟昶所写的"新年纳余庆；佳节号长春"对联还早240年。

春联由上、下两联与横批组成。上、下两联是春联的主体，讲求字数相等、词组的数量与词性相一致，以及平仄相调。横批又叫横额、横联、横幅，是指挂贴于一副对联上头的横幅，横披除挽联、寿联之外，大部分都要用。横批多为四字，对整副对联的主题内容起补充、概括、提高作用。

门神画像

图说

在贴门神时，谁在左谁在右位置是固定的，不能随意变动；如贴错了，叫"反贴门神"，按民间的说法，若把门神左右的位置贴错了，一年中诸事不顺，总感左右为难。

古代的贺年卡——名刺

图说

现在每逢过年，人们常常能在市面上见到一些制作精美的贺年卡，大家可以在互相赠送贺年卡的过程中恭贺新春，增进感情。

在我国古代，从汉朝时，就有人将自己的名字与其他介绍文字写在小木片或小竹片上面，交给自己想要拜访的人，叫作"名刺"，这有点类似于现在的名片。

在过年的时候，有些人因为交友太过广泛，没有办法在短时间做到一一上门拜访，于是就想出了主意，在自己的"名刺"上写上祝贺的语言，分别送到自己的各个好友家，以示祝贺。后来，纸张被发明出来，人们就用被装饰过的红纸，书写上自己的名字、住址与吉祥话，互相拜年，这样的纸叫作"名纸"。明朝诗人文征明在《贺年》诗中描述："不求见面唯通谒，名纸朝来满蔽庐；我亦随人投数纸，世憎嫌简不嫌虚。"

在贴春联时，要注意看横批的书写，如果横批是从右向左书写，上联就应该贴在右边，反之上联贴在左边。在区别上下联时，一般是上联尾字的读音落在去声上，下联尾字的读音落在平声上。

生旺火

在我国山西省、内蒙古自治区等地区，每到春节时有生旺火的习俗，也就是新年到来之际，人们在自家院子里点燃火把、火堆或者炭火盆的风俗，这是历史相当悠久的一种传统民俗文化，有祈求全家新的一年兴旺发达的美好寓意。

古籍《帝京景物纪略》有记载，古代"生旺火"也被称为"庭燎""粞盆""烧火盆""烧松盆""旺相"等，今天在民间则称为"生旺火""点发宝柴""烧秦桧"等，传统上一般是在农历除夕或是元宵节进行。在古代，这一习俗是为了驱邪，或者祭神、祭祖；而后来的生旺火，则逐渐发展为象征全家兴旺发达，表达美好希望的一种新年庆祝及祈福形式。

生旺火这种活动在历史中也很常见，《汉仪》《隋书》有记载，国家礼仪中有在元日"庭燎"的规定，而《韩诗外传》记载，早在春秋时期就有齐桓公"庭燎求贤"的故事。

🔅 **延伸思考**

你的家乡在春节期间都有哪些习俗呢？

你知道自家门口所贴春联的含义吗？请你尝试自己创作一副对联吧。

山西大同春节"生旺火"

春秋时期，天子和诸侯国国主在接待外来使节或商讨国家大事时，要在庭中燃起火炬，也就是"庭燎"，这是最高规格的接待礼仪。齐桓公求贤若渴而"庭燎招士"，他公布求贤令后，便让人在宫殿前面燃起火炬，准备随时接见各地的贤才。但整整一年过去了，却没有一个贤士前来。这时，东野那里有个地位低下的人求见，齐桓公很高兴地登堂接见，他问来人有何才能，来人回答："我会九九算术。"桓公讥笑说："会九九算术也能算一技之长吗？齐国这样的人到处都是。"来人回答道："大山不拒绝细小的石头，所以才成了大山；大海不拒绝细小的溪流，所以才成为大海，九九算术不算什么，但您如果对我以礼相待，还怕比我高明的人不来吗？"桓公深感有理，便设庭燎之礼接待来人。果不其然，一个月后四面八方的贤士接踵而至。

"生旺火"这种习俗因其蕴含的丰富内涵而流传至今。

🔗 诗文链接

元日

宋·王安石

爆竹声中一岁除，春风送暖入屠苏。
千门万户曈曈日，总把新桃换旧符。

欢天喜地闹元宵

中国邮政发行"元宵节"邮票

元宵节所在的农历正月十五，是新年开始后的第一个月圆之夜。

关于元宵节的由来，有各种不同的说法。一种说法是汉文帝为了庆祝平息了当时的"诸吕之乱"，便在正月十五时张灯结彩。还有一种来自道教的说法，道家将三位神

清·郎世宁《乾隆帝元宵行乐图》

仙——天官、地官、水官的生日称为"三元"，正月十五是天官的生日，叫"上元节"。北宋的吕原明就在《岁时杂记》中说，元宵节就是从上元节演化过来的。南宋吴自

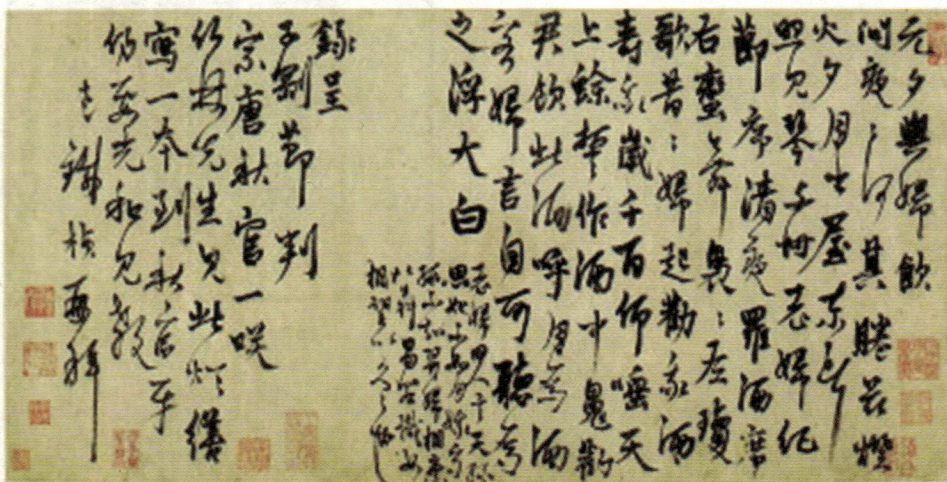

元·杨维桢《元夕与妇饮》（行书）

牧也在《梦粱录》中说："正月十五日元夕节，乃上元天官赐福之辰。"

在我国古代社会，女孩子能够自由外出的机会是很少的，元宵节闹花灯的活动则给她们提供了一个可以结伴出行的理由，而且在花灯辉映所渲染出的浪漫气氛中，也给一些未婚的青年男女们创造了相互结识、互道倾心的时机，因此元宵节也可以看作我国的"情人节"。

清·赵之琛、顾骆 《元宵婴戏图》

迎紫姑

南朝的时候，民间有了"正月十五迎紫姑"的习俗。传说紫姑原是一户人家的婢妾，因被主妇所嫉恨，总让她干脏活加以折磨。紫姑不堪虐待，于正月十五那天死在了厕所里。后来每到正月十五的时候她都会附身在经过打扮的扫帚上，还会对人们向她询问的事情进行简单的回答——如果所问的事情未来会吉利，她就会让扫帚挥舞；如果所问的事情未来会糟糕，扫帚就会被横放起来。

人们为了祭祀这位紫姑，就会在正月十五前一天，用

清代书画《请紫姑神》

旧衣服还有发钗耳环打扮一把扫帚，然后在正月十五晚上，对着这把扫帚说："子胥不在，曹妇则亦归，小姑可出戏。"传说子胥是紫姑的丈夫，曹妇是家里的主妇。既然这两个人都没在家，紫姑就可以出来玩了。这是一种简单的降神占卜法，如果扫帚变重，表示紫姑神降临，就可以向紫姑卜问问题了。当然这并没有任何科学依据，只是表达了人们对美好生活的祝愿。

闹花灯

闹花灯的习俗大致可以上溯到汉武帝在位的时期，传

元宵闹花灯

说是汉武帝为了在正月十五祭祀当时被认为掌管着宇宙的至高神"太一",于是下令让灯火在这一晚上长明不熄。

随着造纸业的不断发展,纸灯的制造成本逐渐降低,成为了百姓们也能够负担得起的一样节日用品。到了隋唐时期,由于当时的国力强盛、经济发达,正月十五闹花灯的习俗更是兴盛。唐朝施行宵禁制度,若是有人无故在宵禁后出门,是要被官府抓起来问罪的,但到了元宵节的时候,朝廷会开放三天宵禁,并在满城布置起用来观赏的花灯,供人们随意游赏。根据《旧唐书·卷七·本纪第七》记载,唐中宗李显曾"丙寅上元夜,帝与皇后微行观灯",唐睿宗李旦也有"上元日夜,上皇御安福门观灯,出内人连袂踏歌,纵百僚观之,一夜方罢"的经历。可见在唐朝时,元宵节闹花灯已经不仅仅是民间的一种庆祝活动,就连皇家也十分喜爱,甚至要亲自体验一下节日的热烈气氛。

走马灯原理示意图

在能工巧匠的手中，花灯有着各种各样的形象，一些大花灯甚至可以扎到几米高，或干脆搭出一个彩棚。走马灯可以说是花灯中造型比较精巧独特的一种，通常是在一个或方或圆的纸灯笼中，插一铁丝作立轴，立轴上方装一叶轮，轮轴上有剪成人物形象的剪纸，当灯内点上蜡烛后，烛火的热力造成气流，会令轮轴转动。于是，剪纸随轮轴转动，它们的影子投射到灯笼纸罩上，就好像剪纸人物在不断奔走一样。

猜灯谜

我国古代的文人有时会将一些不适合直接说出口的话，拐弯抹角地说出来，这样的话被称为"隐语"。根据南宋时周密所著的《武林旧事》记载，当时已经有人"以绢灯剪写诗词，时寓讥笑，及画人物，藏头隐语，及旧京诨语戏弄行人。元宵佳节，帝城不夜。春宵赏灯之会，百戏杂陈。诗谜书于灯，映于烛，列于通衢，任人猜度；所以称为灯谜"。

灯谜的结构是由三个基本要素组成的，即"谜面"、"谜目"和"谜底"。"谜面"是告诉猜谜者的条件，也是猜谜者思考的依据；"谜目"是限定所猜范围；而"谜

猜灯谜

底"就是答案。

因为猜灯谜的活动既能增添节日的热闹气氛，又能让才思敏捷的人大展拳脚，因此元宵节猜灯谜的习俗就逐渐流传了下来，成为赏灯时的一种固定活动。

元宵与汤圆

元宵又叫"汤圆"，是一种如今在元宵节时必不可少的应节食物，但是它的历史却并不是很长。

北宋的吕原明在《岁时杂记》中记载了当时的上元节有一种名叫"圆子盐豉"的食物，是用糖熬成羹，然后在里面煮熟用糯米做的小丸子。这种食品与现在的红豆小圆子、桂花酒酿小圆子很相似，但与如今常吃的带馅儿的元宵或是汤圆还是有些不一样的。南宋时的周必大在《平园续稿》中也提到过圆子，可惜的是，他也没有对圆子进行

延伸思考

你猜过灯谜吗？请你自己创作一条灯谜，在元宵节期间请亲友们猜一猜吧！

详细的描写。直到明代刘若愚的《酌中志》中《饮食好尚纪略》篇才对元宵的制作方法进行了详细介绍："自初九日之后，即有软灯市，买灯吃元宵，其制法用糯米细面，内用核桃仁、白糖为果馅、洒水滚成，如核桃大小，即江南所称'汤圆'也。"

明朝时的元宵和汤圆也许只是相同的东西在不同的地方有着不同的名称，但是到了现代，元宵与汤圆已经变成了两种相似却不同的食物。

北方的元宵与《酌中志》中记载的差不多，是将坚果仁儿、白糖配上青丝、玫瑰等物均匀混合，然后将这馅料摊成薄片，晾凉后切成小块。接着把这些被切成小块的馅

图说

今夕知何夕，团圆事事同。
汤官寻旧味，灶婢诧新功。
星灿乌云里，珠浮浊水中。
岁时编杂咏，附此说家风。
——南宋·周必大《元宵煮浮圆子前辈似未尝赋此坐间成四韵》

料放到装着江米粉的簸箕旦，然后将簸箕倾斜着抬起一个角度，再顺着一个方向翻滚。馅料就在簸箕里，以馅料为内核，不断地粘起了江米粉，在这个时候，还要不断地往簸箕里撒上些水，增加江米粉的湿润度，这样元宵就像滚雪球一样越滚越大了。这样做出来的元宵在煮的时候，时间要久一些，煮熟后的元宵汤会显得有些黏稠。而且这种

图说

明清时期，妇女们在元宵节的晚上会相约外出行走，一人持香在前面引路，逢桥必过，认为这样可以强身健体，百病皆消，因此称为"走百病"，也叫"游百病""散百病"等。

走百病

元宵不宜冷冻，否则会导致外皮破裂，煮的时候会露馅儿。

南方汤圆的制作方法和饺子很相似，它需要先用糯米粉加水揉成面团，然后当面团饧得差不多的时候，用手将这个大面团分成数个小面团，并摊成圆片形。然后将早就拌好的各种馅料取适合的量，包在糯米片中，最后用手搓成球状。煮汤圆的时间相较于元宵会短一些，煮熟后的汤水很清澈，而且汤圆可以冷冻，适于保存。

诗文链接

青玉案·元夕

宋·辛弃疾

东风夜放花千树，更吹落、星如雨。宝马雕车香满路。凤箫声动，玉壶光转，一夜鱼龙舞。

蛾儿雪柳黄金缕，笑语盈盈暗香去。众里寻他千百度，蓦然回首，那人却在，灯火阑珊处。

保佑平安的灶王爷

山西平遥古城灶君庙

　　自古以来，"吃"在我国人民心目中都是头等大事，人们讲求"民以食为天""开门七件事，柴、米、油、盐、酱、醋、茶"。

　　于是，在我国的民间传说中，便诞生了一位专门住在厨房中的神仙，由他负责掌管人间的饮食，这位神仙就是

民间"灶王爷和灶王奶奶"画像

图说

唐段成式《酉阳杂姐》曰:"姓张名单,字子郭。夫人字卿忌,有六女,皆名察洽。常以月晦日上天白人罪状,大者夺纪,纪三百日,小者夺算,算一百日。故为天帝督使,下为地精。己丑日,日出卯时上天,禺中下行署,此日祭得福。其属神有天帝娇孙、天帝大夫、天帝都尉、天帝长兄、硎上童子、突上紫宫君、太和君、玉池夫人等。"

灶神,俗称"灶君""灶王爷"。

灶王爷在人间勤勤恳恳工作了一年,到年底的时候就要回到天上面见玉帝,讲述自己这一年在人间的所见所闻,然后玉帝就会奖赏那些做了好事儿的人家,并给那些做了坏事儿的人家降下灾祸。

人们知道了这件事,害怕自己在过去一年说了什么不得当的话,万一被灶王爷听去讲给了玉帝,第二年就没有好日子过了,于是便会在灶王爷准备动身离开人间前,也就是腊月二十三那天备好供品，恭送灶神，这就是"送灶神"。

"送灶神"的时候，人们选择的供品很有意思，大部分作为供品的食物都是灶糖、汤圆、麦芽糖、猪血糕之类又甜又黏的东西，这样灶王爷吃得开心，就会将这户人家做的坏事"忘掉"了，只讲这户人家的好话。有的人怕这样还不保靠，就打起了灌醉灶王爷的心思，于是在"送灶神"的时候，还要向灶神进酒，第一次进酒的时候，先诚心向灶王爷祷告，然后再向灶王爷进两次酒。进酒后，要将在灶台前已经贴了一年的灶王爷神像揭下来，跟早已为灶王爷准备好的纸马，还有黄豆、干草等为纸马准备的草料一并焚烧干净，还不忘再附上一句嘱托——"上天言好事，下界保平安"。然后，灶王爷就借着扶摇直上的炊烟，驾着马返回天庭了。

等到正月初四，灶王爷在天上向玉帝报告完了人间的事情，就会返回人间。这个时候，人们就会在灶台上备好果品酒水，然后重新贴一张灶王像，把灶王爷接进来，以便保佑自己全家人能够在新的一年里健健康康、平平安安。

灶糖

灶糖是送灶神时的一种祭祀用品，也是一种食品。不同地区做灶糖的用料也不尽相同，有麦芽、黄米、玉米、大米、大麦等，其中以麦芽、黄米最为常见。

将发芽后的麦芽，与蒸熟的黄米混合，再压榨，就会榨出一些液体。将这些液体放到大锅中进行不断熬煮，直到锅中表面形成一层薄膜。锅内看不见白色气泡，且糖可

"灶王爷"画像

以被挑棍蘸起而不被拉断的时候，就要撤火。待糖温稍微冷却，就可以将糖膏从锅内起出，并不断揉搓成条。这些被揉成条的糖还要像抻面一样，不断拉抻合拢，直到糖膏变白。最后变白的糖膏，会被放到案子上，压制成型，被拉长的叫作"关东糖"，被拉成扁圆形的就叫"糖瓜"，有的会粘上芝麻，有的不粘，然后放到室外，等着糖彻底凝固。

这样凝固的糖，糖体坚实，构成糖体的糖丝之间又有些微小的气孔，因此口感香甜酥脆而又粘口，别有风味。

扫尘

从每年送灶神之后，直到除夕到来为止，都被称为"扫尘日"。在这段时间中，人们要开始将房屋里外重新清扫一遍，尤其要把蛛网、扬尘等脏东西清扫干净，以祈求来年全家无病无灾。

传说，灶王爷兼管着人间善恶，虽然人们已经用又甜又黏的供品祭祀他，请他在玉帝面前多说好话，但万一灶王爷忽然反悔了怎么办呢？

人们发现，灶王爷有一个习惯，他每次听到人们说了坏话或者做了坏事，就要用灰尘或者蜘蛛网在屋檐、楼板、房梁、墙壁等不容易被人发现的地方做个记号，以免自己遗忘。

腊月二十四，掸尘扫房子

灶糖

图说

岁暮方思媚灶王，香瓜元宝皆麦糖。

粘口何需多如此，买颗先命小儿尝。

——清·佚名《吃灶糖》

延伸思考

为什么祭灶时多供甜食？祭灶神反映出了人们的一种什么心理？

因此，人们就在送走灶王爷之后，开始清扫房屋，将各处死角都打扫干净。这样，就算灶王爷真的要在玉帝面前告状，他看不见自己做下的记号，也就记不住这户人家在言行方面具体有什么不妥了。假如灶王爷信口开河，不小心把坏事张冠李戴，万一经过玉帝查证，发现灶王爷在胡说，那灶王爷可就"吃不了兜着走"了。所以灶王爷宁可不说，也不说没把握的话。只要灶王爷不打"小报告"，人们就能在新的一年里生活得顺顺利利了。

诗文链接

祭灶祀

宋·范成大

古传腊月二十四，灶君朝天欲言事。

云车风马小留连，家有杯盘丰典祀。

猪头烂熟双鱼鲜，豆沙甘松粉饵圆。

男儿酌献女儿避，酹酒烧钱灶君喜。

婢子斗争君莫闻，猫犬触秽君莫嗔。

杓长杓短勿复云，乞取利市归来分。

一年之计在于春——立春

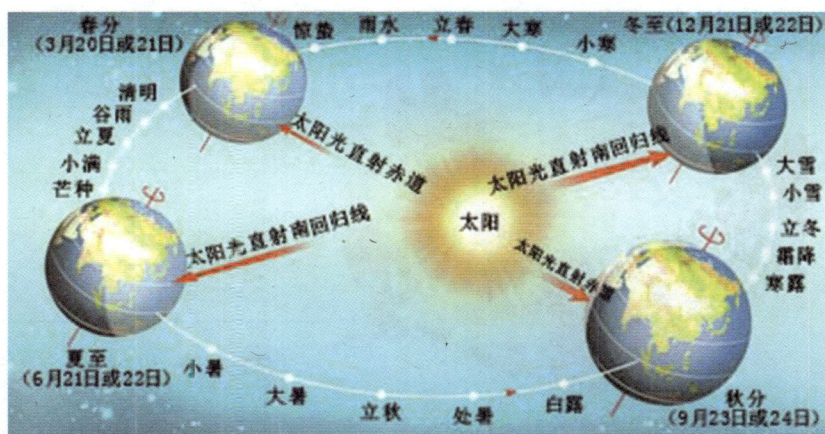

二十四节气示意图

　　常言道，"一年之计在于春"，春天是万物复苏的时节，它象征着生命的希望。

　　我国古代的劳动人民大多依靠农耕过活，生活在这片土地上的人们需要守望田园，需要辛勤劳作。因此，何时开始一年的劳作，对当时的人们非常重要。早在商周之时，古人就已经依靠观察日影长短来划分出了冬至、夏至、春分、秋分四个节气；到了战国后期，在《吕氏春秋》中又增添了立春、立夏、立秋和立冬四个节气；直到在西汉时的《淮南子》中，才出现了完整的二十四节气。这二十四节气分别是：立春、雨水、惊蛰、春分、清明、谷雨、立夏、小满、芒种、夏至、小暑、大暑、立秋、处暑、白露、秋分、寒露、霜降、立冬、小雪、大雪、冬至、小寒、大寒。

立春即是农历二十四节气中的第一个节气，其中的"立"字是"开始"的意思，也就意味着，从这一天起，

"春鸡儿"

图 说

古代女子们在立春这一天会用彩纸剪出诸如燕子、蝴蝶、公鸡等造型的纸片，然后再用簪子穿过这些纸片，装饰在自己的发髻上。这些作为装饰的彩纸就叫"春幡"，也叫"春胜"。如今有一些地方的人们会用彩布缝成公鸡的形象，作为立春时的发饰，叫作"春鸡儿"。

人们就可以告别冬天，开始新一年的劳作了。自先秦以来，上至官方下至民间对这个节气都极为重视，人们会在这一天举行劝农的仪式，经过历朝历代的沿袭，这个节气就变成了节日。

鞭春牛

鞭春牛，也叫作打春牛。

在现代社会里，如果想要耕种一片土地，可以使用现代化的机械，但是在古代，人们往往要依靠耕牛。因此，在古代依靠农业劳作的人们心中，耕牛有着相当重要的地位。

京尹官　俗迎氣東郊　秦紫禁從民　衛彩旗攢進　臘寒紛陳儀　朝出土牛送

清末·《点石斋画报》中的立春鞭牛插图

所谓鞭春牛，并不是真的要去鞭打一头牛，毕竟，耕牛作为重要的劳动生产工具，哪怕受一点儿伤，农民都会非常心疼。于是，作为耕牛的替代品，一种用土塑造成的牛，就被命名为"春牛"了。

鞭春牛的仪式主要是由官方来主持，主持仪式的人会装扮成主管着草木生长的"句芒神"，然后手持鞭子，来鞭打这个土制"春牛"。这既是在向人们示意"从今天开始，就要努力劳作，不要误了农时"，又有着向神明祈祷希望作物可以茁壮生长的意思。

而在鞭春牛之后，人们会去抢那些被从春牛身上鞭打下来的泥土碎屑。他们认为，将这些来自春牛身上的"肉"埋进自家田地里，作物就不会生病，还可以长得好。

☀ 延伸思考

古人为了能够获得丰收，会在立春这天鞭打春牛以图吉利，现代人们为了获得丰收会采用哪些科学手段呢？

赏春盘

在唐宋时期，立春这一天，官宦人家或者富家大户，会用彩色的绢帛等料子做成春景，摆放在盘子中，作为宴席上的装点。唐朝的欧阳詹在《春盘赋》中写道："多事佳人，假盘盂而作地，疏绮绣以为春。丛林具秀，百卉争新……故得事随意制，物逐情裁，当筵而珍奇竞集，下手乃芬馨乱开。"南宋的周密也在《武林旧事》中对春盘进行了描写："后苑造办春盘，供进，及分赐贵邸宰臣巨珰，翠缕红丝，金鸡玉燕，备极精巧，每盘直万钱。"

清同治年款粉彩百子闹春图盘

吃春饼

春饼，又叫荷叶饼，做法是用温水和面后，分成一些小面团，然后在每两个小面团间抹上油，再用擀面杖擀成薄饼，放入锅中，待到烙熟后，可以揭成两张面饼。最后往这个面饼上抹上一些酱，卷着炒熟后的肉丝或者蔬菜丝，就可以食用了。据《北平风俗类征·岁时》记载，在清朝时，"立春，富家食春饼，备酱熏及炉烧盐腌各肉，并各色炒菜，如菠菜、韭菜、豆芽菜、干粉、鸡蛋等，且以面粉烙薄饼卷而食之"。

吃春卷

春饼

图说

春饼的历史悠久，宋朝的陈元靓在《岁时广记》中说："立春前一日，大内出春饼，并以酒赐近臣。"

春卷

图说

　　蔬菜馅的春卷需要蘸一些佐料佐味，豆沙馅则不需要。

　　春卷有豆沙馅和蔬菜馅两种，但做法是一样的，都是用面粉加少许水和盐搅拌揉捏，放在平底锅中摊烙成圆形面皮，然后将早就准备好的馅料放入面皮中，再将面皮由四周向中间折起，叠成长条形的卷状，最后放入油锅中，炸至金黄色就可以食用了。

🔗 **诗文链接**

汉宫春·立春

宋·辛弃疾

　　春已归来，看美人头上，袅袅春幡。无端风雨，未肯收尽余寒。年是时燕子，料今宵梦到西园。浑未办黄柑荐酒，更传青韭堆盘。

　　却笑东风从此，便熏梅染柳，更没些闲。闲时又来镜里，转变朱颜。清愁不断，问何人会解连环？生怕见花开花落，朝来塞雁先还。

二月二，龙抬头

龙抬头石雕

每年农历二月初二，是龙抬头节。

所谓"龙抬头"，是一种星象。我国古代人民将天上星辰划分为二十八个星宿，其中东方的角宿、亢宿、氐宿、房宿、心宿、尾宿、箕宿等七个星宿构成了一个龙

"龙抬头"剪头发

图说

农历二月初二这天，人们总会要修剪一下头发，叫"剃龙头"，希望能够通过这种方式让自己在新的一年中鸿运当头、连交好运。

形，因此被合称为"苍龙七宿"。苍龙七宿于春天的夜晚起开始出现，又在秋天时从夜幕中消失，这种极其符合我国农时的运行方式，让它被世人赋予了"春季"的意义。

农历的二月初二，就是"苍龙七宿"在时隔一冬之后，首次出现在天际的时候，由于最先出现的角宿代表着"龙角"，仿佛是龙头从天际微微抬起，因此就有了"龙抬头"的说法。

皇帝亲耕

传说，从上古之时起，每到苍龙七宿重新回归天际的

铜版画《皇帝亲耕图》（局部）

时候，三皇五帝都会率领人们准备春耕，于是这个做法被之后各个朝代沿袭。每到农历二月初二这一天，皇帝都要到先农坛进行一番祭拜，并亲自动手在御用的田地上耕耘。

舞龙

我国古代人民主要依靠很原始的农耕方式来获得粮食，因此受天气的影响比较大，为了祈求当年风调雨顺，人们会在农历二月初二这天祭祀龙王。

在这一天，人们会进行舞龙，以图讨好龙王，请他保佑春雨适时适量。舞龙所用的龙身是用竹条扎成筒状、节节相连，然后将用金色颜料绘出龙鳞的红色巨幅布料覆盖在竹筒上，竹筒下方代表龙腹的地方每隔几米距离就会有一根长杆相连，供人托举时使用。龙身一般放在龙王庙中，每次需要舞龙时便将龙身从庙中请出，接上龙头龙尾，最后在龙头上画上眼睛。

舞龙时，吹鼓手们会走在前面，随后是一位举着一根长竿的引导手，竿头上绑着象征月亮的圆球，圆球通过引导手对长竿的操作，会向左右不停地摇摆，而引导手之后的众多舞龙者则会以舞龙头的人为首，做出不断抢球的动作，使得龙身仿若游动。

舞龙

图说

舞龙时的圆球又称龙珠，在它的引导下，舞龙的人们会伴随着鼓乐伴奏，通过人体的运动和姿势的变化完成龙穿、腾、跃、翻、滚、戏、缠，以及组图造型等动作。

撒灰引龙

二月初二后，气温逐渐回暖，一些在冬季蛰伏不出的昆虫或动物便随着气温的爬升而不断出现。人们担心这些昆虫或动物妨碍春耕，便会用草木灰从河边、泉水边、井边等属于"龙王管辖"的地方撒一条灰线，一路撒灰直到进门，意味着将水中龙王请回家，于是自家便可以借着龙王的威严镇压百虫，从而保证自家能够家宅安稳、五谷丰登。

☀ **延伸思考**

你知道二十八星宿中，除了"苍龙七宿"之外，其他三组七宿分别是什么吗？

撒灰辟邪

图说

将灰撒在门前，谓之"拦门辟灾"；将灰撒在墙角，意在"避除百虫"；将灰撒在院中，作大小不等的圆圈，并象征性地放置一些五谷杂粮，称作"围仓"或"打灰囤"，以祈丰年；将灰撒在井边，呼曰"引龙回"，以求风调雨顺。

江苏南通民间用面粉制作寿桃、牲畜，蒸熟后插在竹签上，晚上再插在田间，认为这是供百虫之神和祭祀祖先的食品，祈求祖先驱赶虫灾，也希望百虫之神不要危害庄稼。

二月初二这一天，各地普遍把食品名称加上"龙"的头衔。吃水饺叫吃"龙耳"，吃春饼叫吃"龙鳞"，吃面条叫吃"龙须"，吃米饭叫吃"龙子"，吃馄饨叫吃"龙眼"等。

妇女们在这一天不能做针线活，因为苍龙在这一天要抬头观望天下，使用针会刺伤龙的眼睛。妇女起床前，先念"二月二，龙抬头，龙不抬头我抬头"。起床后还要打着灯笼照房梁，边照边念"二月二，照房梁，蝎子蜈蚣无处藏"。还有的地方，人们会停止洗衣服，怕伤了龙皮。

儿童在二月初二这天行开笔礼，表明开始正式学习。过去，读书人要行四个礼，即开笔礼、进阶礼、感恩礼和状元礼。其中开笔礼是人生的第一次大礼。开笔就是开始写文章，仪式主要有拜孔子像、讲授人生最基本的道理、赠文房四宝等内容。

🔗 诗文链接

二月二日

唐·白居易

二月二日新雨晴，草芽菜甲一时生。

轻衫细马春年少，十字津头一字行。

沐浴求健康——上巳节

2016年，陕西省西安市40名女孩身穿汉服体验上巳节

　　上巳节是从先秦起就存在的一个节日，所谓"上巳"，指的是农历三月中的第一个巳日。

澡豆

图说

澡豆是中国古代人民用豆粉添加草药粉末后制成的洗浴用品，可用来洗手、洗脸，不仅能够去油，而且能滋润皮肤。

郊外沐浴

《周礼·春官·女巫》上记载："女巫掌岁时祓除衅浴。"结合东汉时的学者郑玄所给出的注释："岁时祓除，如今三月上巳，如水上之类；衅浴谓以香薰草药沐浴。"可见，先秦时已经有女巫来专职掌握祓除与衅浴的仪式，也就是说祓除与衅浴已经与祭祀之类的活动有所联系了。

早春三月，草长莺飞，先秦时的人们在度过了一个冬天之后，会在上巳节这一天结伴到水边沐浴，洗净因为一个冬天不能好好洗澡而沾染上的污秽。在当时的人们看

古人沐浴

图说

　　沐浴，如今是指对包括头、身、手、脚部分的洗浴，即洗澡。然而在古代，沐、浴代表着两种不同的清洗方式。根据东汉时期许慎的《说文解字》，我们能够详细地看出不同字所代表的不同含义：沐，濯发也。浴，洒身也。洗，洒足也。澡，洒手也。所谓"濯""洒"，就是洗的意思。

　　来，沐浴会褪去自己身上的阴气，让阳气得以滋长，之后很长一段时间也不会生病。因此，他们就将在上巳节到水边沐浴看作了一种仪式，并命名为"祓禊"。

定情、求子

　　先秦时儒家思想在社会上还未占据主流，因此男女之间的交往并不像后世那样受严格限止，青年男女们常常会

芍药花

图说

芍药被誉为"花仙"和"花中宰相",是"十大名花"之一。在我国古代传说中,每一个月份都有一位花神掌管百花,芍药是五月的花神。

在沐浴之后,在河水边郊游踏青,有一些人会在这个时候一见钟情,并相互赠送芍药花作为定情信物。

还有一些想要孩子的家庭,也会在这一天祭祀高禖,即管理婚姻和生育之神。高禖,又称郊禖,因供于郊外而得名。古人们认为没有子嗣的原因是身上有病气缠绕,所以在上巳节的时候将病气洗到河水中,这个时候再去向神明祈求,就会得到保佑,之后便会子孙昌盛。

曲水流觞

到了魏晋之时,上巳节的过节时间已经不再是农历三月的第一个巳日，而是固定在农历三月三日，因此又叫"重三节"。此时，世家门阀开始出现。高门望族的人们讲求风雅，因此除了进行祓禊仪式以外，人们还会做一些看起来比较体面、能够展现他们风仪的事情，如曲水流觞。

　　所谓曲水流觞，是皇室贵族、公卿大臣、文人雅士等一些在当时社会上有地位的人在聚会时，选择一处风景秀美、水势环曲的河边，然后设上屏障、摆好几案花

曲水流觞

图说

　　"永和九年，岁在癸丑，暮春之初，会于会稽山阴之兰亭，修禊事也。"王羲之所写的《兰亭集序》便记载了东晋时一次文人雅士们举行的祓禊活动，而且还对曲水流觞进行了细致的描写。

卉，之后让杯子盛着美酒在这弯曲水上随波漂流。杯子停在谁的面前，谁就要尽饮此杯，并赋诗一首，否则就要罚酒三杯。

宋朝时，儒家程朱理学思想盛行，礼教逐渐森严，因此上巳节便渐渐衰微。

到了明清时期，人们在过三月三这个节日时，也就仅仅是全家出城到郊外踏青而已了。

💡 **延伸思考**

古代人在上巳节这一天到郊外沐浴是为了什么？现代人还能这样做吗？经常洗澡有什么好处？

🔗 **诗文链接**

国风·郑风·溱洧

溱与洧，方涣涣兮。士与女，方秉蕑兮。女曰"观乎？"士曰"既且。""且往观乎！"洧之外，洵訏且乐。维士与女，伊其相谑，赠之以芍药。

溱与洧，浏其清矣。士与女，殷其盈兮。女曰"观乎？"士曰"既且。""且往观乎！"洧之外，洵訏且乐。维士与女，伊其将谑，赠之以芍药。

家家户户吃冷饭——寒食节

寒食节，亦称"禁烟节""冷节""百五节"。在过这个节日时，人们是不能生火的，每天三餐也只能吃凉的食物，所以叫作"寒食"。

关于寒食节的由来，有两种说法。

第一种说法是为了纪念介子推。东汉桓谭所著《新论》里提道："太原郡民以隆冬不火食五日，虽有疾病缓急，犹不敢犯，为介子推故也。"

唐代御赐冷食宴

宫嫔秋千取乐

图 说

五代时的王仁裕在《开元天宝遗事》中记载："天宝宫中至寒食节竞竖秋千，令宫嫔辈戏笑以为宴乐。帝呼为半仙之戏，都中士民因而呼之。"宋朝时文彦博做过一首题为《寒食日过龙门》的诗中也有"桥边杨柳垂青线，林立秋千挂彩绳"的语句。

介子推是春秋时期的晋国人，当时的晋国王室因为继承人的问题出现了动荡，晋国公子重耳被迫流亡出国，介子推与另外四个人一路随行。在这段流亡的道路上，五个人常常食不果腹。有一天重耳饿到几乎昏迷，介子推见到重耳这个样子，就割下自己大腿上的肉，并与从路边摘来的野菜一起熬成汤给重耳喝，让重耳捡回一条命。后来，重耳得到了秦国的帮助，返回了晋国成为晋文公。回到晋国的重耳，犒赏了许多曾经帮助过他的人，却唯独忘记了

宋·苏轼《黄州寒食诗帖》

介子推。介子推却并不当回事，等重耳被身边人提醒，打算重赏介子推的时候，介子推却带着母亲一路躲避到了山中。重耳在山中寻不到人，就听信近臣的话，放火烧山，希望介子推能被山火赶出来，结果直到三天后，山火熄灭，介子推也不曾出现。重耳又派人去山上搜索，却只发现了介子推被烧死后的尸体。重耳对此十分后悔，于是就下令，每年介子推忌日这三天，家家户户都不能生火做饭，以此来作为纪念，这就是介子推"割股奉君"的故事。

寒食节石雕刻画

割股奉君

第二种说法是为了改火。在我国先秦时代，不同的季节会使用不同的木头用来生火——春天时使用榆、柳，夏季时使用枣、杏，夏季最后一个月使用桑、柘，秋季时使用柞、楢，冬季时使用槐、檀。在每个季节更替之时，需要将原本的火源灭掉，准备生新火，当生新火还没从朝廷内分发下来时，民间是不能用火的，于是大家在这段时间只能吃冷掉的食物，就是所谓的"寒食"。

寒食节的具体日期，根据南朝梁宗懔所著的《荆楚岁时记》记载："去冬节一百五日，即有疾风甚雨，谓之寒食。禁火三日，造饧大麦粥。据历合在清明前二日，亦有去冬至一百六日者。"

寒食粥

根据各个朝代的文人留下的笔记与文章来看，各种各样的粥是寒食节的必备食物之一。东晋陆翙的《邺中记》中只说"冷食三日作干粥"，并没提粥的种类。但到了南朝的时候，《珍珠船》《荆楚岁时记》中提到的是大麦粥；唐朝的人们用杨花熬成了杨花粥；宋代时改吃桃花粥；明代则吃梅花粥。

青团子

在江南地区，人们会将艾草捣出汁液，然后用滤出的艾草汁与糯米粉和成面团，再将这个面团分成许多个小面团，并摊成片状。将豆沙馅儿或者是莲蓉馅儿填到面片中包起来，再搓成球状，就可以上锅蒸成青团子了。

做好的青团子，颜色碧绿，还带着些青草的香气，混合着甘甜的馅料，吃起来齿颊留香。

延伸思考

如果现在过寒食节的话，可以吃哪些食物呢？

青团子

图说

艾草有平喘、利胆、消火、抗菌、驱寒、除湿等功效，不过今天的人为了追求口感也会使用小麦草或者其他绿色蔬菜的汁液来制作青团子的皮。青团子在如今也不仅仅是作为应节食品，而是变成了一种带有江南特色的风味小吃。

乌饭

图 说

青粳饭也叫"乌饭",做法是先将米蒸熟、晒干,再浸乌饭树叶汁,复蒸复晒九次。乌饭的米粒坚硬,便于长期储存,人们行远路时常常会携带一些乌饭,吃的时候用开水泡一下就行了,很像现在的方便食品。李时珍《本草纲目》中有这样的记载:"此饭乃仙家服食之法,而今释家多于四月八日造之,以供佛。"

🔗 诗文链接

寒食

唐·卢象

之推言避世,山火遂焚身。

四海同寒食,千古为一人。

深冤何用道,峻迹古无邻。

魂魄山河气,风雷御宇神。

光烟榆柳火,怨曲龙蛇新。

可叹文公霸,平生负此臣。

吞并了寒食的清明节

清明是二十四节气中的一个节气，农谚说"清明前后，点瓜种豆""植树造林，莫过清明"，这是因为清明前后，我国大部分地区气温已经回暖，降水也开始增多，适合植树、务农、养蚕等农事活动的开展。

清明完成从适宜劳作的节气变成需要扫墓的节日的转换，大约是在唐朝。当时的朝廷会在寒食节时为官员放

唐·杜牧《清明》（诗意图）

清明扫墓

图说

　　明朝刘侗、于奕正所著的《帝京景物略》上记载："三月清明日，男女扫墓，担提尊榼，轿马后挂楮锭，粲粲然满道也。拜者、酹者、哭者、为墓除草添土者，焚楮锭次，以纸钱置坟头。望中无纸钱，则孤坟矣。哭罢，不归也，趋芳树，择园圃，列坐尽醉。"这段话很详细地描写了清明扫墓的流程，在清明这天，带着祭品前往墓地祭拜，修缮一下先人的坟墓，并摆放纸钱。拜祭之后，大家也不着急回家，而是去郊外游玩，尽兴才归。

　　五到七天的假期，而清明这个节气在寒食节后两天，自然也在唐朝官员们的假期之内。这些有了假期的官员们除了吃冷的食物过节之外，还会做一些如扫墓、踏青、插柳、荡秋千之类的事情消磨一下时间。久而久之，清明就把寒食节"吞掉"了，后世也是知道清明节比知道寒食节的人多一些。

清明扫墓祭祖

扫墓

　　清明扫墓的传统大概是受到了介子推的影响，因为介子推死于山火，所以人们感念他的气节，每到他的忌日之时就会到山中拜祭一下，结果就逐渐演变成为在清明这天到自家坟前进行拜祭的行为。

纸钱

　　纸钱是用纸剪出圆形方孔形状，好像铜钱一样的东西。在民间信仰中，将纸钱焚烧掉，逝去的先人们就能够用它当做钱在阴间使用。

　　由于寒食节禁火，清明节时禁火的时限还没过去，所以古时是不能焚烧纸钱的，

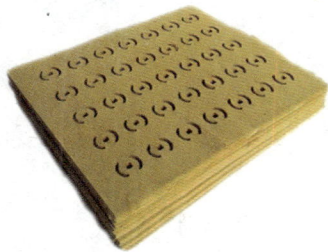

纸钱

人们会将这些纸钱像供奉其他的祭品一样供奉起来。

踏青

清明扫过墓后，人们并不会将剩余的时间浪费掉。当时人们选择墓地时大多会选在城外，而一般情况下，人们又难得出城一趟，此时，三月青草刚刚露头，望去青青一片，人们又怎么舍得放弃美景，匆匆回城呢？

南宋孟元老在《东京梦华录》中说："寒食第三日，即清明节矣，凡新坟皆用此日拜扫，都城人出郊……四野如市，往往就芳树之下或园圃之间罗列杯盘，互相劝酬。都城之歌儿舞女，遍满园亭，抵暮而归。"

斗鸡取乐

图说

唐朝陈鸿的《东城父老传》记载："玄宗在藩邸时乐民间清明节斗鸡戏，及即位，治鸡坊于两宫间，家长安雄鸡，金毫、铁距、高冠、昂尾千数，养放鸡坊。"

古时的人会选择一处景致好的地方，然后拿出早就准备好的食物与酒水，不但可以全家聚餐，还有可能偶遇到其他好友。推杯换盏之间，不但消除了扫墓带来的悲伤气息，还能增进情谊。一些年轻的男女，也可以趁着这个时机匆匆见上一面，为日后提亲或被提亲时，预先在心里留一个浅浅的印象。

杨柳青年画《十美放风筝》

图说

风筝又称风琴、纸鹞、鹞子、纸鸢。战国时，墨子曾用木头做出过可在天上飞翔三天的木鸟，这可视为风筝的起源。东汉时期，蔡伦改进了造纸术，于是出现了纸做的风筝，称为"纸鸢"。到了隋唐时期，造纸业进一步发展，风筝的制作更加容易，于是风筝逐渐变成了一种玩具。南宋的周密在《武林旧事》中写道："清明时节，人们到郊外放风鸢，日暮方归。"

插柳

延伸思考

清明节是怎么取代了寒食节的？现代人应该如何做到文明祭祀？

柳树具有强大的生命力，将柳树枝条插入土中就可以成活，而这种带着"生命"意义的树，让古人产生了一个观念——柳树可以驱鬼。于是，清明扫墓回家之后，人们总会要折一条柳树枝插在家门口，希望防止自家被鬼怪侵扰。

诗文链接

清明

宋·高翥

南北山头多墓田，清明祭扫各纷然。

纸灰飞作白蝴蝶，泪血染成红杜鹃。

日落狐狸眠冢上，夜归儿女笑灯前。

人生有酒须当醉，一滴何曾到九泉。

浴佛祈福的泼水节

泼水节上的浴佛仪式

　　泼水节是我国傣族和德昂族的传统节日，这两个民族的泼水节日有所相似，却又各有不同。

傣族泼水节

傣族泼水节，又名"浴佛节"。傣族有自己的历法，泼水节是傣历的新年，如果按汉族人的农历纪法来算的话，是在农历四月中旬。

傣历的新年有三天。第一天叫作"麦日"，这天是旧年的最后一天，傣族人民要在这天打扫房屋、准备年饭。第二天叫作"恼日"，"恼"是"空"的意思，这一天是空白日，既不是旧年，也不是新年，泼水节就在这一天举

"周恩来总理参加泼水节"图画

1961年的泼水节期间，周恩来总理来到西双版纳。西双版纳的傣族人民穿起盛装，用傣族民族的最高礼节迎接周总理，而周总理也换上了傣族的服装，手持银盆与各族人民互相泼水祝福。

行。第三天叫作"麦帕雅晚玛"，这是傣历中新年的第一天。

在傣族泼水节的当天，笃信佛教的傣族人民会带着鲜花前往佛寺，然后担来清水为佛寺中的佛像进行清洗，此即为"浴佛"，傣族人民相信这样做会为自己带来健康。"浴佛"结束后，人们会先用小树枝蘸水，轻洒长辈，祝他们身体康健，然后才会开始用木盆盛满水，向自己想要祝福的人身上泼去。在傣族人的观念里，在这一天，泼出去的水就是祝福，被水泼得越多，就是受到人们的祝福越多。

傣族泼水节

丢包定情

一些未婚的傣族男女还会在这一天丢象征着爱情的"包"，所谓的"包"，是傣族姑娘亲手缝制出的四角缀有五彩花穗的花布棉包。在丢包时，傣族男女们会彼此相隔三四十步，站成两排，然后由傣族姑娘先将包抛到心仪的

丢包传情

傣族男青年面前，男青年接住后再回抛给姑娘，若是有人未接到包，就得为对方戴上一朵花。青年要将花戴在姑娘的发髻上，姑娘则要将花戴在男青年胸前。

德昂族泼水节

何雨春中国彩墨画　德昂族

德昂族的泼水节是在清明节后的第七天，通常会持续三天。第一天，德昂族人要在寨边取水，用来清洗佛像，待佛像清洗完毕，还要为佛寺中的僧人洗手。第二天，人们会到距寨子远一点的山中取泉水，然后来到寨中老者们的家中，为他们洗手、洗脸，祝福他们健康长寿。第三天人们到河边取水，用花束蘸着河水互相泼洒、祝福，尤其是新婚不久的夫妻，在这一天会成为大家祝福的重点对象。

傣族吊脚楼

傣族邮票

图 说

　　傣族是我国少数民族之一，民族语言为傣语，属汉藏语系壮侗语族壮傣语支，使用的文字是傣文。主要生活在我国云南省，聚居在西双版纳、德宏两个自治州和耿马、孟连及新平、元江、景谷、双江、金平等自治县。

德昂族邮票

图说

德昂族是中缅交界地区的山地少数民族，民族语言分为"布雷""汝买""若进"三种方言，属于南亚语系孟高棉语族佤德昂语支，没有本民族的文字。德昂族在新中国成立后曾使用过"崩龙族"的名字，1985年9月才因为本民族意愿更名为如今的"德昂族"。

延伸思考

傣族泼水节与德昂族泼水节有什么不同？

诗文链接

慈感寺四月八日浴佛会

宋·袁说友

一刹传经地，诸天诞佛辰。

犹将清净水，更浴涅盘身。

居士应无垢，菩提各有因。

要须凭苦海，万里涤情尘。

象征着美好的传统纹样

自古以来，我国人民都对生活抱持着开朗、乐观的态度，这种态度反映在日常生活中，可以体现在无处不在的吉祥纹样上。

中国结

龙

自上古以来，龙的形象就经常出现在各种器物上，早期的龙纹形象体态似鱼，生两爪，披鳞。而随着历史变

古代服饰上的龙纹图案

溥仪登基时穿的龙袍

迁，各民族之间不断地进行着文化融合，龙的形象更加复杂、丰富，头部增大、双角耸立、颈部和颏部鬓须加长，身躯扭曲，富于变化。最终形成了角似鹿、头似驼、眼似兔、项似蛇、腹似蜃、鳞似鱼、爪似鹰、掌似虎、耳似牛的"九似"标准龙形。

龙是一种传说中可以呼风唤雨、无所不能的动物，人们认为它有着"主宰"的地位。随着封建社会皇权的不断加强，龙纹逐渐成为了皇家的专属纹样，被染上了强烈的政治色彩。

凤

凤纹，又称凤鸟纹，包括凤纹及各种鸟纹。它是由原始彩陶上的玄鸟演变而来的，早期凤纹有别于鸟纹最主要的特征是有上扬飞舞的羽翼，西周基本形象是雉。成书于战国前后的《尔雅·释鸟》中，凤的形象是"鸡头、蛇颈、燕颔，龟背、鱼尾、五彩色，高六尺许"。到了宋朝，凤鸟在形象上再一次出现了大的变化——凤的头上有如意形的冠，嘴巴短粗，眼睛细长，长腿，散条长尾，并细致地描绘出每片鳞羽。直到明清时期，凤的形象才逐渐固定下来，长足、蛇颈、鹰嘴、肉状雄鸡冠、孔雀状三翎巨尾及类似雄鸳鸯翼侧耸立状的羽毛。

大红色绸绣凤鸟牡丹纹氅衣

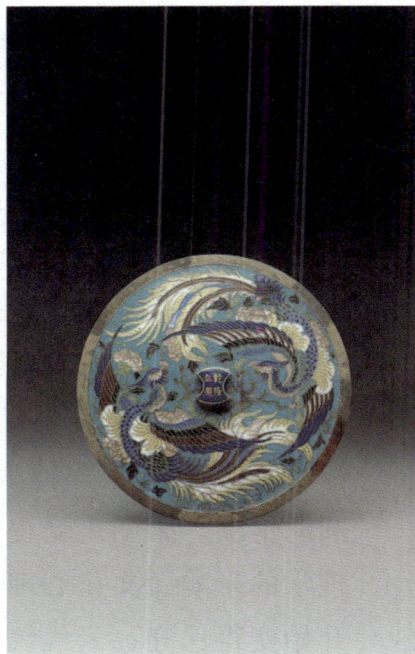

法隆寺献纳宝物中的唐代龙纹镜

清乾隆年制掐丝珐琅双凤纹镜

唐龙纹铜镜（美国克利夫兰艺术博物馆藏）

清玉雕凤纹爵杯

凤鸟是传说中的一种瑞鸟，可以浴火重生，是百鸟之王。本来雄鸟称凤，雌鸟称凰，凤凰齐飞是吉祥和谐、天下清明的象征。但是随着封建王朝的皇帝们将龙纹收为己用，凤纹作为有着与龙纹相同象征意义的纹样，就被用来与皇帝的妻子——皇后——进行匹配，并在后世的不断演化中，成为了一种女性的代表。

云气纹

魏晋南北朝时期，玄学和佛教盛行，人们受到飞升思想的影响，将能够代表高升的云气纹作为一种吉祥的象征。

最早的云气纹追求形似，到了唐朝，由于当时中国在世界上的地位超群，熏陶出唐朝人追求雍容大气、富丽华贵的审美观念。这一阶段的云气纹有着盘绕盘曲、生动飘逸的形式意味，样式上则雄浑博大，圆润饱满。宋朝人受程朱理学的影响，文化心理上开始变得保守，云气纹在此时的造型就表现出小巧

西汉彩绘云气纹双层漆奁

精致的特点。到了元朝，云气纹在宋朝的基础上，又出现了散漫、安详的气质。

忍冬纹

忍冬是一种蔓生植物，据说它可以越冬不死，故名"忍冬"。又因其花长瓣垂须，黄白相伴，也被称为"金银花""金银藤"。

南北朝时期，忍冬纹由于具有"不死"的意象，被广泛应用在有关宗教或者是需要表现灵魂不灭、轮回永生的绘画、雕刻等艺术品的装饰上。

忍冬纹在南北朝时期的形象较为清瘦和程式化，一般为三叶片或多叶片，侄是其变化是多种多样的。唐朝时，人们在忍冬的基础上，增加了牡丹、荷花、菊花等枝叶的造型，使得忍冬纹的样式更加多变，结构更加流畅，层次更加丰富，逐渐开辟出"卷草纹"这一概念。

缠枝忍冬纹

卷草纹

唐朝时出现了以忍冬、荷花、兰花、牡丹等花草的枝叶造型图案，以S形或其他柔和的波曲状线组成连续的草叶纹样装饰带，通称"卷草纹"或"唐草纹"。

清紫檀深浮雕卷草纹花板

明清两代的唐草纹风格趋向繁缛、纤弱，失去了唐代的生气，或成为织锦纹样，或用于装饰瓷器，但仍然是重要的传统图案。

莲花纹

莲花在我国象征"纯洁"，寓意品德高洁。

莲花纹主要被用在碗、盏、钵、盘等瓷器上，或者描绘在这些器物的外壁，或者内画复线仰莲。莲花纹的表现形式极富变化性，既可以作为独立纹样，又可以四方连续。而且在样式上，还可以细分出单线双线、宽瓣、宝装、凸面、正面、侧面，以及单色或彩色。

北宋刻莲花纹碗

六朝莲花纹瓦当

牡丹纹

牡丹因为花型繁复，气质富贵，因此在唐朝时颇受世人喜爱，被视为繁荣昌盛、美好幸福的象征。宋时又被称为"富贵之花"，此后，人们对牡丹花的喜爱历经元、明、清三朝也未有丝毫减弱。

牡丹纹大多作为主纹被用在瓶、碗、盘、罐等器皿的主要部位，有时也作为织锦纹样出现在人们的服饰上。

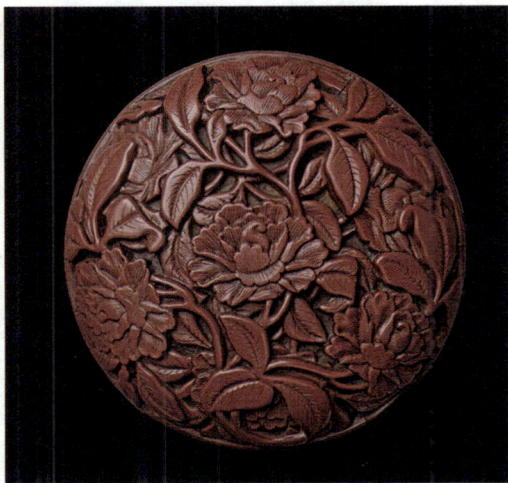

明永乐年制剔红牡丹纹圆盒

万字纹

紫色万字纹绸缎桌旗

万字纹即"卍"字形纹饰，纹饰写成"卍"为逆时针方向。这个造型最早出现在距今约4000多年的新石器时代晚期的马家窑文化的陶器上。

"卍"字在梵文中意为"吉祥之所集"，有吉祥、万福和万寿之意。唐代武则天长寿二年（693年）采用汉字，读作"万"。

由"卍"字四端向外延伸，可演化成各种锦纹。这种连锁花纹常用来寓意绵长不断和万福万寿不断之意，也叫"万寿锦"。

海石榴纹

海石榴纹最早出现在唐三彩陶器上。海石榴是从伊朗传入我国的，因为石榴剥开后果实鲜红剔透，又有"千房同膜，千子如一"的结构，因此被有着"多子多福"观念的我国人民视为祥瑞之果。

海石榴纹常常出现在宋、元、明、清等朝的瓷器上，宋朝的海石榴纹常有浅浮雕之感；元朝时海石榴纹大多作为辅助纹样，出现在器物的肩部；直到明清时期，海石榴纹才有了更多作为主要纹饰出现在瓷器上的机会。海石榴纹的形象大多是在盛开的花朵中心露出饱绽的石榴果，或花苞之中满是石榴子，有的称"海石榴花"，或者和蝴蝶配合，"蝴"与"福"谐音，构成了"多子多福"的寓意。

清雍正年制青花海石榴贯耳瓶

麒麟纹

麒麟是一种传说中代表着吉祥、仁义的生物，雄性称麒，雌性称麟。从其外部形状上看，集狮头、鹿角、虎眼、麋身、龙鳞、牛尾于一体。明朝时，郑和在下西洋的过程中，曾从东非运回两只长颈鹿，被当时的人认为是麒麟，明成祖朱棣也认为这是自己统治的祥瑞之兆。

晋朝王嘉在《拾遗记》中描述了一则麒麟在孔子诞生前，将玉书吐在孔子家院内的故事，这则故事在后世被演绎成了"麒麟送子"，并延伸出了向麒麟像膜拜求子的习俗。

清麒麟纹宋坑端砚

而在清代时，大量有着"望子成龙""早生贵子""福增贵子"寓意的麒麟纹出现在盘、瓶、罐类器物造型上。

鱼纹

鱼纹在我国的历史悠久，早在商朝时，鱼纹就已经出现在了青铜器上，到了春秋时期，鱼纹开始出现在盛水器皿上。

汉朝时，辛氏编撰了一部《三秦记》，书中提出了"鱼跃龙门可化龙"的观点，又被后世赋予了"奋发向上、飞黄腾达"的寓意。这个时期的鱼纹出现在了铜洗底部，还在侧面出现了"大吉羊（祥）"的字样，可以看出，此时的鱼纹已经延伸出吉祥的意义了。

大概是因为鱼类的繁殖能力很强，很符合古代人对多子多孙、人丁兴旺的希冀，因此人们对鱼纹的喜爱一直长盛不衰，在唐、宋、金三朝的铜镜上，经常出现它的身影。

金朝时期的鱼纹，多为双鱼，与前朝双鱼或者采用并排或重叠的构图结构不同，金朝时期的双鱼纹中的两条鱼往往一大一小，代表着一雄一雌，两条鱼首尾相衔，呈现出旋转对称的姿态，暗合着男女之间恩爱缠绵、形影相随的生活情境。

鱼不但在生物形态上有着美好寓意，而且它的名字也很吉

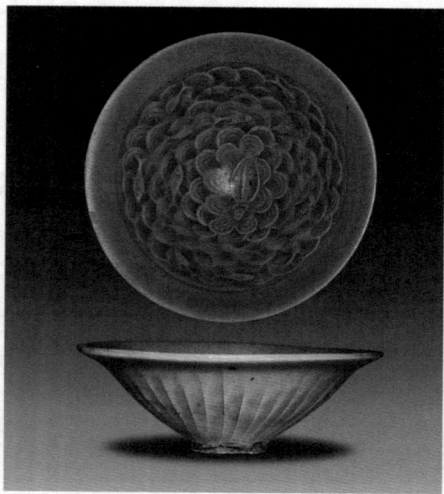

耀州窑水鱼纹碗

利，与象征着富足有余的"余"字谐音。于是，象征着"富贵有余"的鲑鱼、象征着"金玉满堂"的金鱼、意味着"年年有余"的两条鲶鱼、意味着"渔翁得利"的渔翁钓鲤鱼，以及代表着"年年大吉（橘）"的鲶鱼与橘子等都是非常受人们欢迎的纹样。

人民的智慧是无穷的，人民对于美好生活的向往是无限的，鱼纹就在人们对幸福的不断追求中，一代代地流传下去。

☀ **延伸思考**

你知道哪些图案适合作为送给新婚夫妇礼物上的纹样吗？

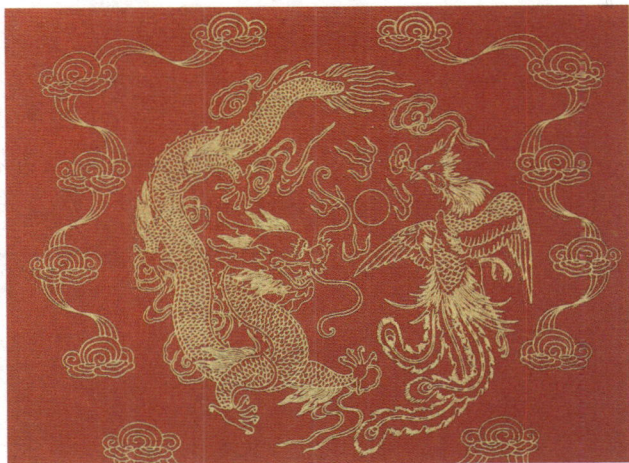

龙凤纹

图说

　　龙凤纹常被描绘成龙与凤相对飞舞的画面，因为它们各自都有着吉祥的寓意，在后世又逐渐分别代表了"男性"与"女性"，因此，民间一般在准备婚礼等吉利喜庆的场合下使用这种纹样，俗称"龙凤呈祥"。

蝙蝠纹

图 说

蝙蝠之"蝠"与"福"字同音，五只蝙蝠围着寿字，寓意多福多寿，俗称"五福捧寿"，是中国民间广为流传的一种传统吉祥图案。

诗文链接

水纹扇

宋·范祖禹

剪出潇湘一片秋，动摇君手向空流。

微风自有云涛气，梦入江天一钓舟。

夏至白日最漫长

古代计时仪器日晷

夏至是我国二十四节气中最先被测定出来的两个节气之一。早在周朝时，周公便使用"土圭测日法"测出了夏至，并确立了国都。夏至这一天是北半球各地中白昼最长的一天，而且是越向北白昼越长，到了北极圈以北的地方甚至没有了黑夜。我国古人认为物极必反，夏至这一天是阳气开始衰弱，阴气开始滋长的时候，因此又名"一阴生"。

古人夏至祭祖

古人夏至祭拜

洛州无影示意图

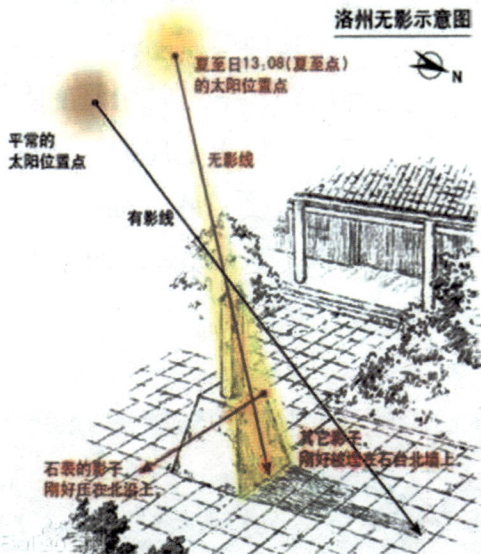

N

夏至日13:08(夏至点)
的太阳位置点

平常的
太阳位置点

无影线

有影线

石表的影子，
刚好庄在北线土

其它影子，
刚好被遮连在台北墙上

夏至日太阳光与地面角度

图说

《周礼·地官·大司徒》："以土圭之法测土深。正日景，以求地中。日南则景短，多暑；日北则景长，多寒；日东则景夕，多风；日西则景朝，多阴。日至之景，尺有五寸，谓之地中，天地之所合也，四时之所交也，风雨之所会也，阴阳之所和也。然则百物阜安，乃建王国焉，制其畿方千里而封树之。凡建邦国，以土圭土其地而制其域。"

祭地

我国幅员辽阔，在夏至日的时候，有的地方作物即将丰收，有的地方已经开始第二轮播种。于是在这一天，人们或者会祭拜土地以酬神，或者会向土地祈求新一轮的丰收。根据《周礼》记载："夏至日祭地祇于泽中方丘。"此后，各朝各代都保留了在夏至日祭祀大地的传统。《史记·封禅书》记载："夏至日，祭地，皆用乐舞。"到了明清时期，祭地典礼会在地坛举行，而且十分隆重。祭祀时的仪式依次是迎神、奠玉帛、进俎、初献、读祝、亚献、终献、受福胙、彻馔、送神、望瘗、礼成，由于仪式复杂，差不多要耗时两个小时左右。

地坛

图说

位于古都北京的地坛是我国现存的最大的祭地之坛，始建于明代嘉靖九年（1530），是明清两朝帝王祭祀"皇地祇神"的场所，占地37.4公顷。

数九

从进入夏至开始，北方地区的人民就开始以每九天为一组，将整个夏天划分成九个不同的阶段，并编成了歌谣："夏至入头九，羽扇握在手；二九一十八，脱冠着罗纱；三九二十七，出门汗欲滴；四九三十六，卷席露天宿；五九四十五，炎秋似老虎；六九五十四，乘凉进庙祠；七九六十三，床头摸被单；八九七十二，子夜寻棉被；九九八十一，开柜拿棉衣。"这个歌谣很好地概括出了整个夏季的不同阶段，等到"出九"之后，夏季也就过完了。

延伸思考

夏至时有什么应节食品？

你有哪些避暑妙招？

夏至食俗

清朝的潘荣陛在杂记《帝京岁时纪胜·夏至》中记录："夏至大祀方泽，乃国之大典。京师于是日家家俱食冷淘面，即俗说过水面是也，乃都门之美品。"所谓冷淘，源于唐朝，是用嫩槐叶捣汁和入面粉，做成细面条，煮熟后放入冰水中浸漂，然后捞起，以熟油浇拌，放入井中或冰窖中冷藏，食用时再加佐料调味的食物。由于冷淘颜色碧绿清新，又经过冷水降温，不论在视觉上还是口感上都让人觉得清凉解暑，因此十分适合夏季食用。时至今日，我国北方很多地区的人仍保留着夏至日吃面的习俗。

夏季炎热，常常会导致人不思饮食，身体消瘦。山东人认为，在夏至这天吃鸡蛋有助于增进食欲，因此常常会在这天以鸡蛋为主食。

凉面

> **图说**
>
> 凉面又称"过水面",古称为"冷淘"。凉面在各地有不同的吃法、口味与特色。

两广地区的人认为在夏至日吃狗肉可以滋补身体,防止疾病入侵,因此狗肉成了这天的热门食品。

诗文链接

夏至日作

唐·权德舆

璿枢无停运,四序相错行。

寄言赫曦景,今日一阴生。

防病驱疫——端午节

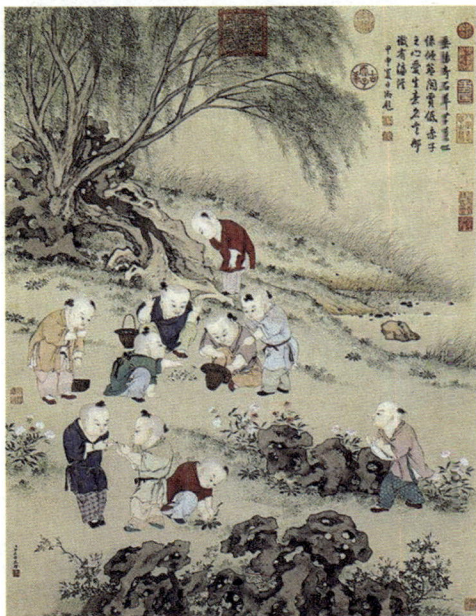

清·金廷标《群婴斗草图》

　　每年农历的五月初五是我国的传统节日——端午节。"端午"一词最早出现在晋朝周处所著的《风土记》中："仲夏端午。端者，初也。"我国古代"五"与"午"二字通用，因此端午节又称"端五节"。

近代·丰子恺《买粽子》

图说

　　粽子又叫作"角黍"，是用艾叶、苇叶等叶子将黍米或糯米包裹成锥形或菱形，煮熟食用的食物。从宋朝时起，人们在包粽子的时候就会加入蜜枣之类的馅料。粽子的口味根据地域不同，还出现了一些差异。北方以糯米枣粽为佳，南方更喜糯米咸肉、糯米火腿等肉粽。

　　农历五月之时，我国大部分地区已经开始逐渐进入雨季，气温也有了明显升高，因此一进入这个月份，疾病就开始滋生、流行起来。在医疗技术不高的古代，这样的月份死亡率比较高。于是，从战国时期开始，农历五月就被人认为是"恶月"，每到这个月份，大家就会选择停止嫁娶、建房、砌灶、搬家等活动，并在家中悬挂艾草、身上佩戴香包等，希望能够趋利避害。

插艾蒿、菖蒲

艾蒿和菖蒲是两种能够散发香味的草本植物，艾蒿可以驱除虫蚁、净化空气，菖蒲则可以杀虫灭菌、强身健体。古时的人认为这两种植物可以驱除掉"恶月"时所带来的疾病，于是会将这两种植物绑成一束，悬挂在自家门上。南朝

端午节插艾蒿、挂香包

梁的宗懔在《荆楚岁时记》中对此就有所记载："鸡未鸣时，采艾似人形者，揽而取之，收以灸病，甚验。是日采艾为人形，悬于户上，可禳毒气。"

佩香包

香包又叫香袋、香囊、荷包等。根据宋朝吕原明的《岁时杂记》中"端五以赤白彩造如囊，以彩线贯之，搐使如花形"的记载，香囊初期是用彩线缠绕而成，后来也有用绣花彩布缝制的。人们在香包中装上白芷、川芎、芩草、排草、山奈、甘松、高本行等中草药，相信香包中的草药所散发出的香气可以驱散病气，使自己百病不侵。

香包

端午节"画额"

图说

端午节画额的风俗很早就有历史记载，以前苏州人在孩子额头用雄黄蘸酒后画一"王"字，像是老虎额头的花纹，这种风俗称为"画额"，寄予着人们驱除邪魅的愿望。

清富察敦崇在《燕京岁时记》中记载："每至端阳，自初一日起，取雄黄合酒洒之，用涂小儿领及鼻耳间，以避毒物。"除在额头、鼻耳涂抹外，亦可涂抹他处，用意一致。山西《河曲县志》云："端午，饮雄黄酒，用涂小儿额及两手、足心，……谓可却病延年。"

饮雄黄酒

☀ 延伸思考

还有哪些东西可以防止蚊虫叮咬？喝酒对身体有哪些影响？

雄黄，又名雄精、石黄、鸡冠石，它有解毒、杀虫、治疗蛇虫咬伤等功用。古人在端午节这天会将雄黄研磨成粉，混合在酒水里饮用，称之为"雄黄酒"，认为喝下雄黄酒就可以不招蚊虫叮咬。然而，现代医学研究发现，雄黄中含有有毒成分，对人体有害，因此不宜多喝。

对于不能饮酒的儿童，大人们会将雄黄酒涂抹在儿童的额头、鼻、耳、手心、足心等处，防止儿童在"恶月"时被蚊虫叮咬。

赛龙舟

端午节的时候，有赛龙舟、吃粽子的习俗，但是关于这两个习俗的起源，却有着两和说法。

第一种说法与战国时期楚国爱国诗人屈原有关，屈原是一个倡导举贤授能，力主抗秦的人，然而却遭到楚国贵族的反对，导致被流放，后来楚国被秦国攻破，屈原闻讯投身汨罗江殉国。人们感念屈原的爱国情怀，于是就划船去打捞他的尸首，又担心

唐·李昭道《龙舟竞渡》

赛龙舟

清五月五日午时驱五毒花钱

江中的鱼虾伤害他的尸体，于是包好粽子投入江中。

还有一种说法与春秋时期吴国的伍子胥有关。当年吴国曾打败过越国，越王勾践向吴王夫差求和，伍子胥表示反对，可惜夫差不但没听伍子胥的建议，相反还听信谗言，将伍子胥赐死。伍子胥死后，吴王夫差还将他的尸首沉入江中。后来吴国果然被越国攻破。吴国人为了纪念伍子胥，形成了划龙舟、包粽子的习俗。

龙舟是一种两头上翘，长约十几米的彩画船。赛龙舟时，吹鼓手会坐在中舱，两旁坐着十多位划手，船前有掌旗人，船尾有掌舵人。随着龙舟比赛开始的号令下达，每艘龙舟都会喊着号子拼命向前划，争夺象征胜利的"锦标"。

清红漆描金龙舟长方匣

清黄缎平金五毒葫芦活计

五彩线

图说

　　五彩线又叫长命缕、辟兵绍，东汉应劭在《风俗通·佚文》中记载："午日，以五彩丝系臂，避鬼及兵，令人不病瘟，一名长命缕，一名辟兵绍。"我国古人认为"青、红、白、黑、黄"五种颜色分别代表了"东、南、西、北、中"五个方位，是十分吉利的颜色。用代表五个方位颜色的丝线编成绳，系在手臂上，或者用五彩丝线编上饰物，甚至是直接编成人像戴在脖子上，又或者是用五色彩线绣出日月星辰、鸟兽等物，都可以使人平安。五彩线不能随意折断或者丢弃，只能在端午节后第一场大雨或第一次洗澡时，才能取下抛入河中，希望河水可以带走疾病，使人健康。

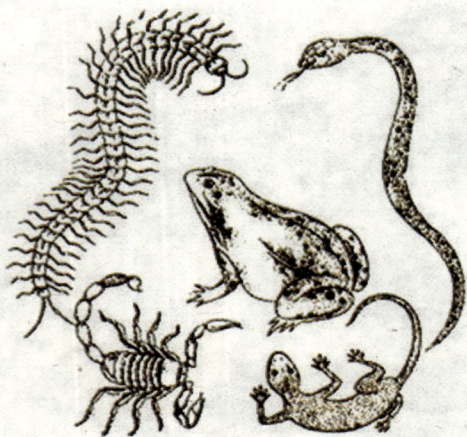

《五毒图》

图说

五毒图，是在纸上画上蝎子、蜈蚣、蟾蜍、壁虎、蛇这五种动物形象的图画，古时人们相信在端午节张贴五毒图，然后用针刺五毒形象，可以使这五种动物不侵入自家，保证家宅平安。

🔗 诗文链接

端午日事

宋·余靖

江上何人吊屈平，但闻风俗彩舟轻。

空斋无事同儿戏，学系朱丝辟五兵。

熏田除祟求年丰——火把节

彝族火把节点火仪式

　　火把节是我国彝族、白族、纳西族、基诺族、拉祜族等民族的传统节日，其中以彝族火把节最为著名。彝族、纳西族、基诺族的火把节在农历六月二十四日举行，白族的火把节在农历六月二十五日举行，拉祜族的火把节在农历六月二十日举行。

白族火把

图 说

白族人在火把节的白天时，会搭起一座以松树作为主干，四周堆砌着松枝、麦秆的二十米高的火把，火把最上面还会有一面旗，旗杆上还串联着三个周身贴着写有吉祥话纸旗的升斗，升斗下挂着火把梨、海棠果、灯具及五彩旗。

火把节历史久远，自汉唐起，已沿袭了一千多年。有关火把节的起源、记载和传说甚多，内容丰富，各具特色。其中较为普遍的说法是：在远古的时候，天上的大力神思惹阿比和地上的大力士俄体拉巴比赛摔跤。思惹阿比战败后，上天拨弄是非，天神大怒，于是撒下众多害虫糟蹋庄稼，使得粮食颗粒无收，民不聊生。于是，英雄俄体拉巴率领人们点燃火把驱虫除害，最终战胜了思惹阿比。

凉山彝族火把节盛况

　　此外，火把节还有一个充满诗意的名字，叫"星回节"。五代时蜀国佚名氏所作的《玉溪编事·震旦》记载："唐时南诏（指南诏国统治者）以十二月十六日为星回节，是日游于避风台，命清平官赋诗。"

彝族火把节

　　彝族的火把节在第一天时会祭火。在这天的晚上，人们会搭建起祭台，用燧石点燃圣火，彝族的祭司毕摩会在圣火前诵经，然后人们用事先准备好的牛羊肉与酒水祭祖，之后，人们会从毕摩手中接过用蒿草扎成的火把，在田边行走，人们认为这样做会使庄稼免受虫害。

　　在第二天的时候，人们会聚集在圣火之下，举行彻夜的活动。而在节日的最后一天，人们会在夜色中高举火把四处游走，然后再将这些火把堆成一堆堆的篝火，并且围着这些篝火彻夜歌唱、舞蹈。

白族火把节

白族的火把节举行一天。白天时，人们会布置好所需的火把，然后回到自家祖坟前进行祭拜。与平常祭拜略有不同的是，这一天白族人会带上一支小火把，在墓前点起火把，然后向墓撒上三把松香，直到火把烧到底部后，就可以回家了。

在火把点燃前，新生儿会在母亲的背上，由母亲撑着伞围着火把绕行三圈，希望可以让新生儿获得福气，远离灾祸。

天黑之后，人们会先向火把叩拜，然后由身手矫健的青年人攀上火把，靠着人力传递小火把将大火把点燃。当大火把上的旗杆被烧断，人们会去抢从高处跌落下来的升斗，他们认为抢到升斗的人家来年可以五谷丰登、六畜兴旺，是吉利之兆。

大火把点燃后，青年人会用大火把点燃自己的小火

白族舞蹈

彝族火把节

图说

彝族的火把节，在夜里男子们会举行赛马、摔跤、唱歌、斗牛、斗羊、斗鸡等活动，女子们则会穿上美丽的服装，翩翩起舞，然后人们还会评选出最俊俏的男子与最美丽的女子。一些未婚的青年男女们，常常会在这个晚上相互结识，然后缔结良缘。

把，然后四处走动，若是两人相逢，就会用松香撒向火把，让火焰燎向对方，这种行为叫作"敬上一把"，是白族人互相驱散晦气的仪式。在大家都互相燎过后，人们便会向田间走去，给田地中的火把也燎上一燎，以此希望庄稼不受虫害。

当火把将燃尽，火把节也就到了尾声，人们会捡起火把下烧尽的木炭放到自家房外辟邪。

🔅 **延伸思考**

彝族和白族的火把节有哪些异同之处？

彝族邮票

图 说

　　彝族是中国第六大少数民族，民族语言为彝语，彝族文字为表意文字，又称音节文字，史书中称"爨文""韪书"，或"罗罗文""倮文"，通称老彝文。彝族人主要分布在滇、川、黔、桂四省（区）的高原与沿海丘陵之间，凉山彝族自治州是全国最大的彝族聚居区。

诗文链接

仓橄出惠阳督诸邑蝗

宋·陈元晋

古来传说驱蝗法，近岁惊闻田有蝗。

无耐吏饕基地恶，何辜民病重天殃。

秋风要满扶犁望，夏日宁辞走橄忙。

高廪更令淮鼠穿，使星尸祝几炉香。

夏天饿瘦了，立秋吃回来

立秋是二十四节气之一，它的到来意味着秋季将至，天气逐渐转凉，田地里的作物也到了收获的时候。

蓐收

宫中迎秋

在汉朝时的立秋之日，皇帝要领着百官到郊外祭祀，迎接秋天的到来。据《后汉书·祭祀志》记载："立秋之日，迎秋于西郊，祭白帝蓐收，车旗服饰皆白，歌《西皓》、八佾舞《育命》之舞。并有天子入圃射牲，以荐宗

秋季肉食

> **图说**
>
> 　　脂肪存在于人体和动物的皮下组织及植物体中，是生物体的组成部分和储能物质。它是生命运转的必需品。过了立秋之后，天气转凉，人体御寒也少不了脂肪的作用，因此古人有在立秋吃肉，让自己的身体能够储备足以过冬的能量的传统。

迎秋

庙之礼，名曰躯刘。杀兽以祭，表示秋来扬武之意。"到了宋朝，宫殿中有将盆栽梧桐搬入殿中，看梧桐随着报秋之声飘落叶的习俗。

佛山秋祭

戴楸叶

从宋朝开始，人们还会采摘楸树的叶子。楸树是一种长成后能达到30米高的落叶乔木，大概是因为它的名字与"秋"谐音，宋朝人会在立秋这天将它的叶子佩戴在头上。北宋孟元老的《东京梦华录》即记载了这个习俗："立秋日，满街卖楸叶，妇女儿童辈，争买，皆剪成花样戴之。"南宋的吴自牧也在《梦粱录》中有过类似记载："都城内外，侵晨，满街叫卖楸叶。妇人女子及儿童辈争买之，剪如花样插于鬓边，以应时序。"

伴随着人们对楸树叶的了解，人们发现楸树叶具有收敛止血、祛湿止痛之效，将楸树的根和皮煮汤汁，外用涂洗

清乾隆年制黄釉描金楸叶式洗

清顺治年制青花洞石楸叶诗句盘

还可以治疗疖疮及一切肿毒。于是人们在立秋这天还会用楸树叶熬成膏药，贴在各种痛、肿、溃烂等处，很快即会痊愈。

近代·丰子恺《种瓜得瓜》

贴秋膘

延伸思考

"贴秋膘"时，真的是吃得越多越好吗？

经过了因炎热而失去胃口的夏天，一些地方的人会有立秋这天称体重，看看刚过去的夏季使自己丢掉了多少分量，然后趁着刚起的秋风，在这一天做一些如炖肉、红烧肉、红烧鱼、白切肉、炖鸡、炖鸭的肉菜补一补，以图将失去的脂肪补回来，为即将到来的冬天做好准备，这在民间叫作"贴秋膘"。江西、浙江等地的人会在立秋这天吃西瓜，谓之"啃秋"，据说这样做可以不得秋痱子，还能预防疟疾。

立秋测天候

秋天其实并不会在立秋之后立刻到来，有的时候，立秋过后反倒会出现正午炎热难耐的天气，人们将这样的天

楸树

图说

　　楸树又名木王、金丝楸、梓桐、旱楸蒜台、水桐。分布于河北、山西、陕西、甘肃、山东、江苏、浙江、河南、湖南等地，广西、贵州、云南等地也有栽培。具有消肿拔毒、排脓生肌之功效。

气称为"秋老虎"，认为这种天气似老虎般让人畏惧。

　　经验丰富的农家人还会根据立秋这天的天气，来推断一年的收成，如果立秋当天是晴天，那么之后的日子就不用担忧，庄稼是可以丰收的，而若是立秋当天打雷下雨，那么以后的天气也不会很好，庄家很有可能歉收。

梧桐叶落而知秋

　　梧桐可谓是"立秋"时节最具代表的植物，梧桐树叶自然飘落的时候，差不多也就是立秋了，古人经常据此判断物候。

　　据说，有一次，清代的名医叶天士在郊外散步，路过一户人家时，听见一位妇女的呻吟之声，当时他就断定妇人是难产，连忙推门闯了进去。一看，这家果然有一个难产三天的妇人，此时已是形容枯槁，气若游丝。家人一看进来的是一代名医叶天士，喜出望外，立即端茶到水，鞍前马后地伺候着叶天士。叶天士看过病人的脉象之后，对病人的丈夫说："你去院中拣三片梧桐树叶做药引，水煎，冲服'开交骨散'就可以了。"说罢迈着方步走了。

产妇的家人本以为药方会很难寻，不成想叶大医生只开了如此简单的药方就走了。但是当时也没有别的办法，只好照办。他们到后院拣了几片桐树叶，按照叶天士所嘱，煎汤给产妇服下，大约过了有一炷香的工夫，产妇产下了一名男婴，母子平安无事。一时间，这个病例广为流传。

叶天士的弟子听说了之后，去请教老师为什么梧桐叶可以治疗难产。叶天士听了微微一笑，说："桐叶怎么能治难产，必须是'立秋'那天掉下的才行，岂不知'立秋至而梧叶落'之说乎？为医者岂能不知物候也！"

🔗 **诗文链接**

立秋二绝（其一）

宋·范成大

三伏熏蒸四大愁，暑中方信此生浮。

岁华过半休惆怅，且对西风贺立秋。

女拜织女男拜魁星的七夕节

2002年中国邮政发行牛郎织女系列邮票

七夕，是指农历七月初七，又名乞巧节、七巧节。它起源于人们对自然的崇拜，在汉朝时出现了在七月七日穿针乞巧的习俗，到了唐朝之后，又衍生出有关牛郎织女的爱情传说，此后七夕节就成为象征爱情的节日。

牛郎织女

据南朝梁宗懔的《荆楚岁时记》记载："七月七日，

古人拜织女

图说

　　拜织女时需要准备神坛，也就是在供桌上摆好由通草、色纸、芝麻、米粒等制成的各式花果、仙女、器皿、宫室等供品，然后用红纸将几朵鲜花缠成一束插在瓶中，再在花前放一个小香炉。值得注意的是，这些供品中总会有一个将衣服、巾履、脂粉、镜台、梳篦每样准备七份放置在纸制圆盆中的七姐盆。

为牵牛织女聚会之夜。"隋朝杜公瞻为它做了注解，指出《史记·天官书》上说，织女是天帝外孙。傅玄的《拟天问》上说："七月七日牵牛织女会天河。"这就是牛郎织女七夕相会的故事了。

　　后来牵牛与织女的故事，在情节上逐渐丰满起来。任昉的《述异记》里有这么一段描述："大河之东，有美女丽人，乃天帝之子，机杼女工，年年劳役，织成云雾绢缣之衣，辛苦殊无欢悦，容貌不暇整理，天帝怜其独处，嫁与河西牵牛为妻，自此即废织纴之功，贪欢不归。帝怒，责归河东，一年一度相会。"从这段故事中，我们能够看

现代拜织女仪式

出，织女有了自己的工作——用织布机织出锦绣天衣。还描写出了牵牛织女在天河相会的原因——织女结婚后懒于工作，惹恼了天帝，被罚夫妻二人两地分居，只能一年相会一次。

拜织女

在我国古代，一位女子若想要求得一门好亲事，不但要靠娇好的容貌体态，还要依靠好的厨艺、针线技艺、装饰家居的技艺、化妆之艺等其他生活技能。

想要获得这些技能的待嫁女子们，除了凭借自身努力不断钻研技艺之外，还会选择向神明祈愿，希望能够获得祝福，于是心灵手巧的织女就成为了她们的祭祀对象。每年七夕的前几天，这些女子们都要提前约上几位好友，在七夕前一天沐浴斋戒，并合力布置一个神坛。等到七月七日织女从天庭出来赶往鹊桥相会时，她们就会在神坛前焚香祷告，进行迎仙、拜仙的仪式。

近代·程十发《乞巧图》

穿针乞巧

祭拜祈福之后，大家一起围坐在桌前，一面吃花生、瓜子闲聊，一面朝着织女星，在心中默默祈祷能够嫁个如意郎君，一直可以玩到半夜才散。

穿针乞巧

穿针乞巧是最早的乞巧方式，据东晋葛洪的《西京杂记》记载："汉彩女常以七月七日穿七孔针于开襟楼，人俱习之。"

在七夕的晚上，女子们在拜祭了织女星后，会在庭院中对着月光，手执五色丝线和连续排列的九孔针（或五孔针、七孔针），连续穿针引线，能将线快速全部穿过者称为"得巧"。这反映了我国古代女子对自己能够心灵手巧、拥有高超精巧女工技艺的追求。

喜蛛应巧

晋朝的郭晋在为《尔雅》作注时说，有一种长着长长的脚的小蜘蛛，俗名叫"喜子"，后来"喜子"就成为了蜘蛛的别名。蜘蛛从屋顶房檐等处往下落时，又被人传为是"喜虫天降"，有"喜从天降"的意思。

每年七夕这一天，待嫁的女子们就会成群结队地去捕捉这些象征好运的蜘蛛，然后把它们放在一个小盒子里，等到第二天，看谁的蜘蛛结的网更密实，谁就最有福气，是织女给予"巧"最多的一个。

看蜘蛛结网来判断"得巧"多少的标准在各个朝代也有不同，如南北朝在意的是是否结网，唐朝看重谁的蜘蛛网结得密实，宋朝除了看蜘蛛网的密实程度，还要考量网的形状好不好看。

喜蛛应巧

投针验巧

投针验巧

投针验巧是七夕穿针乞巧风俗的变体，是明清两代盛行的七夕节俗。

明朝的刘侗、于奕正在《帝京景物略》中说："七月七日之午丢巧针。妇女曝盎水日中，顷之，水膜生面，绣针投之则浮，看水底针影。有成云物花头鸟兽影者，有成鞋及剪刀水茄影者，谓乞得巧；其影粗如锤、细如丝、直如轴蜡，此拙征矣。"

投针验巧的水是提前一天准备好的，一般是将河水与井水混在一起倒入水盆中，然后放置在庭院，先在七月初六过一夜，再经过七月初七的阳光暴晒，到正午或者下午的时候，水盆内的水因为长时间暴露在外，在水面上形成一层由灰尘构成的薄膜，这时将针轻轻放置在水面上，借由灰尘薄膜所形成的浮力，针会漂浮在水面上。这个时候，观察针在水面下的投影，投影形象，越精细，就代表着投针者"得巧"；反之，投影形象越简单，就代表着投针者乞巧失败，织女没有降福于她。

拜魁星

七夕不只是女子们的节日，男子们在这一天也有属于自己的星星要祭拜。

在中国民间信仰中，北斗七星的第一颗星叫"魁星"，它掌握着天下读书人的"考运"。因此，在希望凭借着科举考试为自己搏一个出身的男子眼中，魁星的地位非常重要。

传说中，魁星的生日就在七月初七这天，因此，每到七夕，男子们就会将一个羊头煮熟，再用红纸裹住羊的两个犄角，之后用盘子端着放到纸扎的魁星像面前，然后再摆上一些其他的供品，就可以在月光下鸣炮焚香进行祭拜了。

祭拜结束后，大家还会玩一种名叫"取功名"的游戏

北京画廊插画《七夕夜祭祀魁星》

来讨个好彩头。他们用桂圆代表状元、榛子代表榜眼、花生代表探花，然后选一个人手中握着这三颗干果，往桌上一滚，哪个干果滚到谁面前，就意味着这个人得到了什么功名，桌上的大家需要向这个人敬酒。然后得到"功名"的人退出游戏，其余的人继续游戏，直到所有人都得到"功名"，游戏结束。聚会散场之时，还要再次鸣炮，并且焚烧一些纸钱，纸扎的魁星像也要一起烧掉。

巧果子

巧果子是在七夕时吃的一种应节食品，在宋朝孟元老所著的《东京梦华录》中，就已经对巧果子有了记载，不过当时的巧果子名字叫"笑厌儿""果食花样"。

巧果子的制作方法是将白糖放在锅中熔为糖浆，然后和入面粉、芝麻，拌匀后摊在案上擀薄，晾凉后用刀切为长方块，手巧的女子会将它捏成各式各样的形象。后来有的人觉得用手捏花样太过麻烦，就用木料打成模具，然后在面上扣出不同的花样。最贪快的人就干脆将面皮擀薄，然后切成三角形即可。最后将这些有着格式造型的面胚子放入油锅中炸至呈现金黄色就算大功告成。

七夕巧果

牛郎织女鹊桥相会

图说

　　鹊桥，又名乌鹊桥，原本指的是喜鹊们用身体为牵牛和织女在七月初七这天临时搭成的一座桥，后来引申为能够在男女之间缔结良缘的各种事物。汉朝的应劭在《风俗通》中说："织女七夕当渡河，使鹊为桥。"意思是：织女在七夕那天要渡过天河，便让喜鹊搭成了桥。宋朝罗愿在《尔雅翼》中说："涉秋七月，首无故皆髡，相传以为是日河鼓与织女会于汉东，役乌鹊为梁以渡，故毛皆脱去。"这是说，入秋第七天，喜鹊头部的毛都无缘无故地掉光了。相传是牵牛与织女在天河东面相见，就差遣喜鹊用身体搭了一座桥，以便他们渡过天河，所以喜鹊头上的毛就被他们踩秃了。

魁星塑像

图说

传说中魁星面目狰狞，金身青面，赤发环眼，头上还有两只角。一般魁星的造型都是右手握着一管毛笔，称朱笔，左手执天下学子的花名册环于胸前，右脚金鸡独立，脚下踩着海中一只大鳌的头部，意为"独占鳌头"，左脚向后踢起，托着一方墨斗，后来这个姿势被人称为"魁星踢斗"。

诗文链接

古诗十九首·迢迢牵牛星

汉乐府

迢迢牵牛星，皎皎河汉女。

纤纤擢素手，札札弄机杼。

终日不成章，泣涕零如雨。

河汉清且浅，相去复几许。

盈盈一水间，脉脉不得语。

缔结两姓之好——
中国古代婚俗

古代婚礼剪纸

在我国古代，婚礼是一件极重要的事情，它关系着一个家族的繁荣与发展。在那些不讲究恋爱自由的年代里，人们看重的是"门当户对""父母之命""媒妁之言"，婚礼作为将两个家族牢牢维系在一起的仪式，有着严格的流程。

明製婚服 鳳冠霞帔

凤冠霞帔

图说

凤冠霞帔是古代受朝廷诰封的命妇的装束。按明制，皇后礼服的冠饰有九龙四凤。皇妃、公主、太子妃的凤冠九翚四凤。翚是五彩的雉。一品至七品命妇的凤冠没有凤，绣有不同数量的雉。霞帔是以一幅丝帛绕过肩背，交于胸前，它根据命妇的不同品级在用色和图案纹饰上有不同规定：一、二品命妇霞帔为蹙金绣云霞翟纹（翟，即长尾山雉）；三、四品为金绣云霞孔雀纹，五品绣云霞鸳鸯纹；六、七品绣云霞练鹊纹；八、九品绣缠校花纹。明清时期，普通女子在结婚时，是可以穿着凤冠霞帔的，但是只能往上越一级。普通男子也可向上越一级，穿着九品公服。

纳彩

在我国古代，男方向女家派出媒人提亲叫作纳彩。没有媒人的婚姻，在古代被认为是不合礼法的，因此

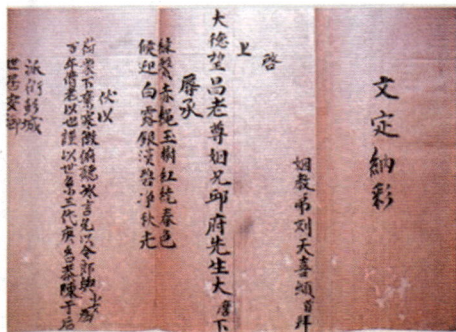

清道光二十四年（1844 年）的"文定纳彩"

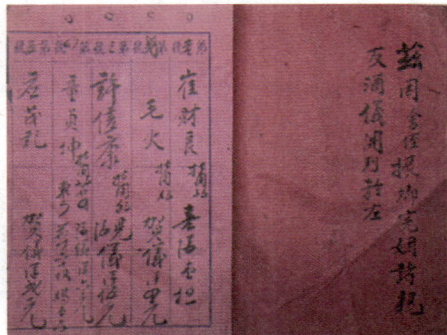

民国二十八年（1939 年）的"贺仪"册子

不管一对情侣是否两情相悦，都要有媒人居中牵线。从西周时期起，我国就有了官方成立的媒人机构，称为官媒，他们不但要为年轻人安排婚嫁，还要为鳏寡之人重新组织家庭。在官媒之外，还有一些因为个人工作关系能够行走于不同人家的妇女，她们会在工作之余，和不同的家庭交换别家未婚男子或女子的信息，好借由撮合姻缘从中获利，这样的人便是私媒。

问名

问名是指男方向女方家庭询问自家所求取女子的庚帖，即写着女子生辰八字的帖子，以便男方请卜卦者来合男女双方的生辰八字，看是否吉利，因此这个仪式又被称为"合八字"。

这个仪式随着朝代变换，询问的内容也在不断增多，到后来，不止男方需要女方的生辰八字来判断是否能够成婚，女方也会询问男方家庭的门第、嫡庶、职位、财产、容貌、健康等多个方面，来判断是否要将自家女儿嫁去男方家庭。

纳吉

当女方家将庚帖交给男方家，经过占卜得到吉利的卦象后，男方需要制作一份聘书，即确定定亲的书面文件，并且准备一份薄礼，经由媒人转交给女方家，意为同意，两家可以正式结亲。

纳征

纳征即为如今的"下聘礼"，是男方在婚前一个月左右，把已经准备好的礼金、礼品，连同抄录了礼品、礼金名目及数量的书面文件——"礼书"，经由媒人及男方家的四位女性亲戚转交给女方家的仪式。

请期

当女方家收下聘礼后，男方会通过占卜，寻找出适合结婚的吉利日子，再由女方家庭确定其中一个日期，这个环节又称为"择日"。

亲迎

亲迎即如今的"迎亲"，是男方在婚礼当日，拿着迎娶新娘的书面文件，乘着礼车，前往女方家将新娘迎接回自己家的仪式。

在汉朝的时候，婚礼是在晚上举行的，因此最初的婚

《光绪大婚图册》"册立奉迎图"

礼称为"昏礼"，新郎会在傍晚的时候穿着黑色的礼服，驾着黑色的马车前去迎接新娘。到了唐代，高门大户家的婚礼依旧沿用汉时的古礼，但是平民百姓家，已经开始穿上红衣在早上举行婚礼了，不过这个时候新娘仍是坐着马车前往新郎家。新娘坐着花轿被抬到新郎家，至少是在北宋中期之后了。

新娘到达新郎家后，会行拜堂礼。最早的时候，只是新郎和新娘互相对拜就可以了，后来到了宋朝时，新郎和新娘在对拜之前，还要拜男方父母、男方家庙以及其他男方亲属。及至明清时期，拜

清·西洋画家《迎亲画图》

堂的仪式才成了如今人们熟知的"一拜天地，二拜高堂，夫妻对拜"。

拜堂之后，新郎、新娘要喝合卺酒。所谓"合卺"，就是将一个葫芦对半剖开，变成两个瓢，然后在这两个瓢中装满酒，由新郎、新娘喝下去。南北朝时，人们在这两个瓢把上穿上了丝线，待新郎新娘喝过酒后，即用丝线将两个瓢重新捆绑成一个葫芦，象征二人永不分离。到了宋朝的时候，人们不再用瓢饮酒，而是用丝线牵着两个杯足，新郎、新娘先各自将自己手中的酒喝下半杯，然后互相交换杯子，将剩下的酒一饮而尽，俗称"交杯酒"。

延伸思考

从哪个朝代开始，女子出嫁时能坐花轿、穿红色嫁衣了？

月老牵线

图说

月老，民间又称月下老人，是中国民间传说中主管婚姻的神仙，有关他的记载最早出现在唐朝李复言的《续玄怪录·定婚店》中："韦固少未娶，旅次宋城，遇老人倚囊而坐，向月检书。因问之。答曰：'此幽明之书。'固曰：'然则君何主？'曰：'主天下之婚姻耳。'因问囊中赤绳子，曰：'此以系夫妇之足，虽仇家异域，此绳一系之，终不可易。'"

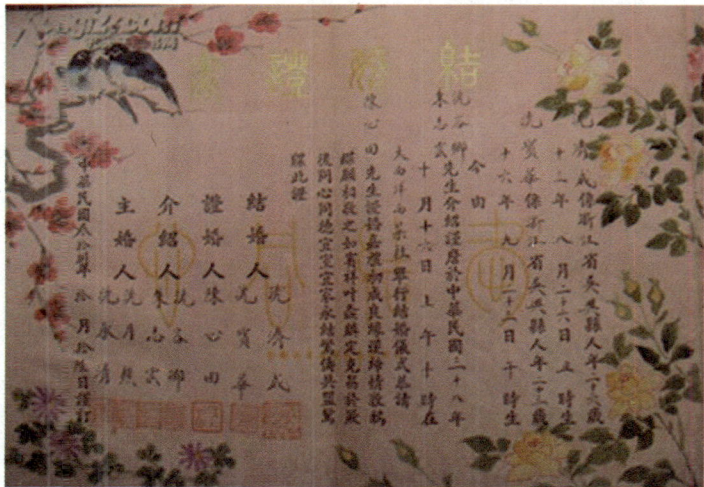

民国时期的"结婚证书"

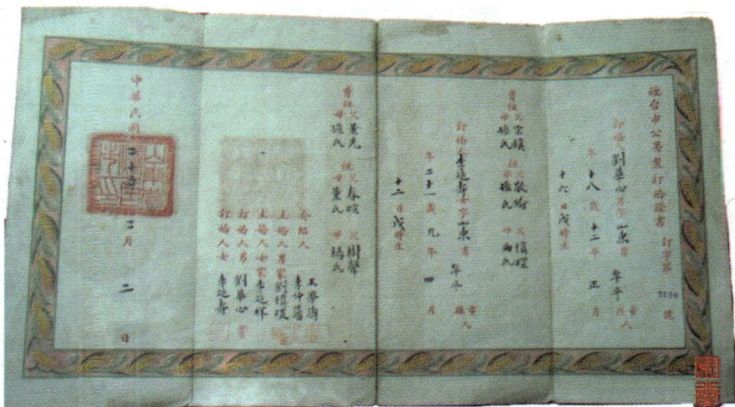

婚书

图说

　　婚书最早起源于唐代，是用红纸书写男女双方的生辰，以及介绍人、主婚人、订婚人、结婚人、祖父母的名字甚至曾祖父、曾祖母的名字等内容，可以证明一段婚姻关系的文书。1912年以后，婚书多改用油墨印刷。

吉服

图说

趋吉避凶是人的普遍心理，中国人也不例外。过节、过生日、结婚都是吉事。中国的礼法，很重视吉事穿吉服。这一点可以证明，服饰文化不仅与物质生活，也与精神生活有着密切的联系。

诗文链接

县君赴兴庆宫朝贺载之奉行册礼，因书即事

唐·权德舆

合卺交欢二十年，今朝比翼共朝天。

风传漏刻香车度，日照旌旗彩仗鲜。

顾我华簪鸣玉珮，看君盛服耀金钿。

相期偕老宜家处，鹤发鱼轩更可怜。

勇者的盛会——那达慕大会

那达慕大会现场

　　那达慕大会是蒙古族历史悠久的传统节日，"那达慕"是蒙古语的译音，意为"娱乐、游戏"，如今在每年农历的七月到八月间举行。

敖包

图说

敖包，又叫"鄂博""脑包"，是蒙古语中"堆子"或"封堆"的意思。敖包是用土、石、木等物在高山或丘陵上堆积成的圆顶丘状物或方形基础圆顶丘状物，它原本是作为指示性的标志，后来成为了象征着神灵居住与降临的圣物。

每年农历七八月份，草场丰美、牛羊肥壮的时候，蒙古族人会举行祭祀敖包的仪式。

根据1225年以古蒙古文铭刻在石崖上的《成吉思汗石文》记载，当成吉思汗西征打败花剌子模后，就在布哈苏齐海举办过那达慕大会。在聚会期间，他将各个部落的首领召集在一起，举行祭祀敖包，比赛摔跤、射箭、赛马等适合军民欢聚的活动，以表示各部落团结友谊并祈求丰收。

那达慕大会在旱期时举办时间并不固定，到了清朝时，那达慕大会才成为了每隔半年、一年或三年由官方组织起来的以蒙古族王公的苏木、旗、盟为单位而举办的活动，并且会对比赛胜利者分等级给予称号和奖赏。

祭敖包

祭敖包一度被人们认为是那达慕大会的前身，因为几乎每次祭敖包之后蒙古族人民都会举行赛马、射箭、摔跤等竞技活动，而一般情况下，在举办那达慕大会之前，蒙古族人也会先举行祭敖包的仪式。

在祭祀时，人们会在敖包上先竖起一根木杆，然后将早就准备好的五彩布条的一端悬挂到木杆上，并装饰到敖包周围，有的地方的人还要在敖包前点燃篝火，他们认为上升的火焰可以与神明沟通。献给敖包的祭品有红、白两种，红祭品指的是宰杀牛、羊等牺牲；白祭品指的是各种奶制品。

祭敖包

男子三项——摔跤、赛马、射箭

蒙古族是一个马上民族，这个民族的人十分注重培养子弟们勇敢、顽强、机智的品质，因此能够展现出男儿勇猛气质的摔跤、赛马、射箭就逐渐成为了那达慕大会上的固定比赛项目。

蒙古语称摔跤为"博克偶巴依勒德呼"，称摔跤手为"博克庆"。蒙古式摔跤有其独特的服装、规则和方法，摔跤手的上半身会穿着由香牛皮、驼皮或鹿皮做成的坎肩，坎肩上嵌有便于对方抓取的泡钉，腰间会扎着皮带或绸腰带，下半身则穿着由各色绸料做成的宽大多褶的套裤，脚下还会穿着马靴。比赛时选手不允许做出抱腿、打脸、扯头发、踢肚子、提膝盖、从背后将人拉倒等行为，选手们会使用捉、拉、扯、推、压等十三个基本技巧演变出来的一百多个动作努力将对方摔倒。蒙古式摔跤采用淘汰制，哪方倒地哪方就是输家。

那达慕大会赛马

张八十大师的国画邮票《欢乐的那达慕》

献赠哈达

图说

　　哈达是一种礼仪用品，在拜佛、祭祀、婚丧、拜年以及对长辈和贵宾表示尊敬等场合中，藏族、蒙古族人民都会使用哈达。藏族人们认为白色象征着纯洁、美好、吉祥、善良，因此藏族哈达以白色为主，而蒙古族人认为蓝色象征着永恒、兴旺、坚贞和忠诚，因此蒙古族的哈达以蓝色为主。

蒙古族人对马有着特殊的感情，在现如今的交通工具未发明之前，蒙古族人迁移、打猎都是要依靠马匹来实现的，因此是否能养好马、驯好马以及控好马，是是否拥有强大的生存能力的体现，而这些都能从赛马上展现出来。在赛马时，骑手们会身着蒙古袍，足蹬高筒蒙古靴，头扎彩巾，腰束彩带，然后在起跑号令下达后，策马狂奔，最快到达终点者获胜。

射箭是马上民族不可缺少的一项生活技能，和平时可以靠射箭获取食材或防止野兽侵袭，战争时射箭又可以御敌或进攻。如今射箭已经成为了一种单纯的竞技项目，它分成近射和骑射。近射就是普通的立定射靶，靶子距离有25步、50步、100步之分，以优者为胜。骑射是需要射手骑在马背上，趁着马跑动时向靶子射箭，每人每轮只能射三支箭，一共可射三轮，以中靶最多者为胜。

☀ 延伸思考

你还知道哪些体育竞技项目？
你还知道蒙古族人有哪些传统民俗？

🔗 诗文链接

过蒙古诸部落（其一）

清·乾隆

猎罢归来父子围，露沾秋草鹿初肥，
折杨共炙倾浑脱，醉趁孤鸿马上飞。

喝着酸牛奶看藏戏——
雪顿节

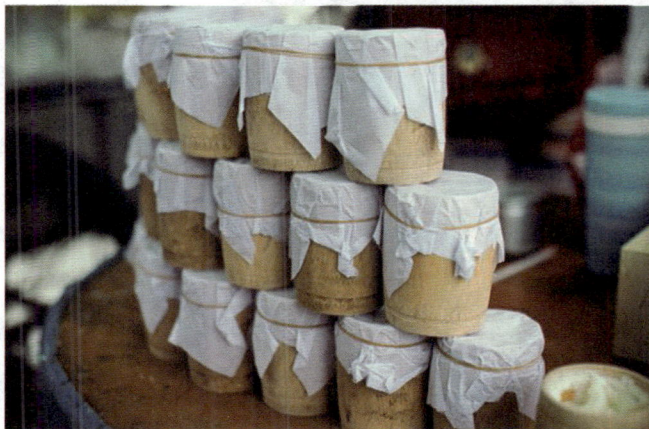

雪顿节喝酸奶

　　雪顿节是藏族人民的传统宗教节日，一般在藏历六月到七月间举行。雪顿节的"雪"字是酸牛奶的意思，"顿"字是"宴""吃"的意思，因此雪顿节又名"酸奶宴"，是一个喝酸牛奶的节日。

喝酸奶

　　15世纪时，藏传佛教中有一位名叫宗喀巴的僧人对当地宗教进行了改革，他创建了藏传佛教的格鲁派，由于该派僧人戴黄色僧帽，故又称黄教。宗喀巴在对宗教进行改革时强调严守戒律，戒杀生。藏历四月到六月间是生命繁殖期，为了保证生命在这个期间不受僧人的伤害，该派

唐卡

图说

　　唐卡是藏族文化中独特的绘画形式，绘画者用金、银、珍珠、玛瑙、珊瑚、松石、孔雀石、朱砂等珍贵的矿物宝石和藏红花、大黄、蓝靛等植物为颜料，绘画出藏族的宗教、历史、文化、生活等诸多领域的题材，具有浓重的宗教色彩。由于采用了天然颜料，因此唐卡的色泽鲜明，久不褪色。

规定僧人在这期间不准出寺，只能在寺中安心念经，直到
藏历六月底才可以下山。

　　当僧人们可以下山的时候，藏地的佛教信徒们就会备
上酸牛奶，进入寺院，请求僧人们为他们祈福，使他们可
以获得丰收与长寿。后来，就渐渐成为了一个为期七天的
节日。

展佛仪式

展佛

> **图说**
>
> 　　展佛是藏传佛教寺庙展示巨幅唐卡佛像的一种
> 宗教仪式，也是展示藏传佛教艺术成就的一种方
> 式。展佛时，来自各地的信徒们朝拜佛像，许愿或
> 忏悔，祈求众生平安，世间和谐。

在雪顿节开始的这一天，各个佛寺都会举行展佛仪式。所谓展佛仪式，是佛寺在寺内珍藏的巨幅佛像唐卡画中选择一幅或几幅，在雪顿节开始的当天早上，将唐卡画展示在佛寺旁的山坡、石壁或者是专门修筑的展佛台上，以供佛寺周围信仰佛教的藏民参拜。

传统藏戏

延伸思考

除了藏戏之外，你还知道哪些戏曲种类？

你还知道藏族人民的哪些节日？

在雪顿节期间，有很多藏戏可供观看。藏戏的传统剧目包括《文成公主》《诺桑法王》《朗萨雯蚌》《卓娃桑姆》《苏吉尼玛》《白玛文巴》《顿月顿珠》《智美更登》等"八大藏戏"，此外还有《日琼娃》《云乘王子》《敬巴钦保》《德巴登巴》《绥白旺曲》等，各剧多含有佛教相关内容。

雪顿节的藏戏会从上午十一点演到傍晚，演出结束后，看戏的人会用哈达包裹钱币抛向舞台，负责邀请藏戏班子的专属财产管理机构"孜恰列空"，则会给藏戏

雪顿节舞蹈表演

演员们发放用袋子装着的青稞、糌粑、酥油、茶叶等。

藏戏装扮

图说

　　演藏戏时需要用到面具，观众们从面具上的色彩就能够分辨出此人物的性格——白色面具表示人物性格纯洁、善良、温和，无害人之心；黄色面具表示容光焕发、功德广大、知识渊博，是扮演活佛、仙翁的人戴的；蓝色面具表示正义、勇敢，是扮演勇士的人戴的；绿色面具象征贤良智慧、美貌端庄，是扮演度母或空行女化身的女子的人戴的；红色面具象征权力、正义，表示足智多谋、智勇双全，凡扮演国王、大臣者均戴红色面具；黑色面具表示凶恶，为凶怒相；半白半黑面具表示嘴甜心毒、两面三刀、专门挑拨离间的人。

🔍 **成语**

奉若神明

奉，信奉；神明，神。像对待神灵那样崇奉。形容对某些人或事物过分崇拜。

🔗 **诗文链接**

地藏菩萨赞

唐·李白

本心若虚空，清净无一物。

焚荡淫怒痴，圆寂了见佛。

五彩图圣像，悟真非妄传。

扫雪万病尽，爽然清凉天。

赞此功德海，永为旷代宣。

人月两圆　仲秋赏玩　月宫仙事

中秋人月共团圆

清·冷枚　《赏月图》

　　中秋节是我国很重要的一个传统节日，由于节期在农历八月十五，所以又称"八月节""八月半"。每逢过节之时，人们会进行赏月、拜月、吃月饼等与"月"有关的活动，于是中秋节又有了"月节""月夕"的别称。而且民间习惯性地认为一年当中，只有中秋时的月亮最圆，配合着这样的圆月，人间也该家家团聚，因此中秋节又叫作"团圆节"。

　　按照中国传统历法，一年分为四季，每季又分为孟、仲、季三个月。农历八月为秋季的第

月饼

图说

> 明朝刘若愚在《酌中志》中记载："八月，宫中赏秋海棠、玉簪花。自初一日起，即有卖月饼者，至十五日，家家供奉月饼、瓜果。如有剩月饼，乃整收于干燥风凉之处，至岁暮分用之，曰团圆饼也。"

二个月，称为"仲秋"。而八月十五又在"仲秋"之中，故称"中秋"。

中秋节的形成时间比较晚，根据流传下来的历史文献记载，最早将"中秋节"作为节日进行记录的是宋朝的《庆元条法事类》，而在这之前，虽然也有"中秋"或"仲秋"一词出现，但只是作为单纯的月令时间而已。

玩月与赏月

虽然中秋节是在宋朝之后才被人作为节日进行庆祝的，但是翻检唐诗，就能发现早在唐朝时，就有很多诗人在农历八月十五这天留下关于赏月的诗作，只是当时的诗人更愿意把赏月说成是"玩月"。比如，刘禹锡就曾写下一首《八月十五日夜玩月》："天将今夜月，一遍洗寰瀛。暑退九霄净，秋澄万景清。星辰让光彩，风露发晶英。能变人间世，倏然是玉京。"

清·陈枚《月曼清游图》（局部）

至于为何会选择在农历八月十五这天进行"玩月"，唐代欧阳詹的《长安玩月诗序》给出了一个理由："秋之于时，后夏先冬；八月于秋，季始孟终；十五之夜，又月之中。稽于天道　则寒暑均，取于月数，则蟾魄圆。"这段话的意思，可以用现代科学的角度来解释：我国进入秋季的时候，地球与太阳的倾斜度加大，这使得我国疆土上暖湿空气逐渐消退，而常会导致沙尘四起的西伯利亚寒流又还未南下，因此空气清新洁净，月亮在此时也就显得既圆又大了。

拜月

我国自古以来就有拜祭月亮的传统。早在先秦之时，《周礼》上就已经规定了每年秋分之时，要对月亮进行拜祭。按农历计算，秋分大致落在农历的八月前后，然而秋

现代周村举办汉代拜月仪式

分当日却未必有月亮，这就让祭月仪式显得有点尴尬，为了解决这个问题，八月十五便逐渐代替了秋分。

宋朝的金盈之在《新编醉翁谈》中记载："中秋，京师赏月之会，异于他郡。倾城人家子女，不以贫富，能自行至十二三，皆以成人之服饰之登楼或在中庭拜月，各有所期：男则愿早步蟾宫，高攀仙桂。女则愿貌似嫦娥，颜如皓月。"从这段话中能够看出，当时宋朝的都城东京（今河南开封）的人们不管家境如何，在中秋节这天，家中的小孩子从刚刚会走路的到已经十二三岁的，都要穿上大人的衣服，登上高楼或者是在庭院中祭拜月亮。男孩子要祈求早日取得功名，女孩子要祈求日后长得像嫦娥一样漂亮。

到了明朝的时候，拜月的仪式变得更加规范，在当时刘侗、于奕正的《帝京景物略》中记述了明朝北京的中秋风俗："八月十五祭月，其祭果饼必圆；分瓜必牙错瓣刻之，如莲花。纸肆市月光纸，绘满月像，趺坐莲花者，月光遍照菩萨也。华下月轮桂殿，有兔杵而人立，捣药臼中。纸小者三寸，大者丈，致工者金碧缤纷。家设月光位于月所出方，向月而拜。则焚月光纸，撤所供，散之家人必遍。月饼月果，戚属馈相报，饼有径二尺者。女归宁，是日必返其夫家，曰团圆节也。"描述的是中秋节之夜，人们面向月出方位设祭案，案呈月饼月果等圆形供品，对月拜祭。而后焚毁月光纸，分食祭祀供品。

嫦娥与嫦娥奔月的传说

嫦娥原名叫作"姮娥"，因为汉朝时有一位皇帝名叫刘恒，为了避尊者讳，所以姮娥的名字就被改成了"嫦娥"。

考古学家在从秦国及秦朝遗留下来的简牍中，曾发现名叫《归藏》的卦辞，上面描述了嫦娥窃药奔月的事情。到汉朝时，刘安召集门客们编写《淮南子》，嫦娥的故事被他们进行了扩写，他们为嫦娥匹配了一位叫作后羿的丈夫，又说她是偷了后羿从西王母那里得到的不死药，吃了之后才会奔向月亮。

后来，嫦娥偷药奔月的故事就在后世不断流传开来，只是偷药的原因出现了各种不同的版本。有的说是后羿射日之后，便自傲起来，

当代·金协中《嫦娥奔月图》

唐月宫蟾娟镜（西安博物院藏）

嫦娥不堪忍受，就吃了药去到了月亮上；有的说是嫦娥过不惯清苦的日子，所以吃了不死药飞向了月亮；还有的说是后羿的徒弟看中嫦娥的美貌，想要趁后羿不在霸占她，嫦娥为了躲避徒弟，慌忙吃了不死药飞向了月亮。

月饼

月饼是如今每逢中秋节必不可少的一样应节食品，但是它的历史却比中秋节短得多。

类似月饼的食物在宋朝时就已经有了，宋朝诗人苏轼在《留别廉守》中写道："编萑以苴猪，瑾涂以涂之。小饼如嚼月，中有酥与饴。悬知合浦人，长诵东坡诗。好在真一酒，为我醉宗资。"

与月饼相关的比较早的一个说法是，元末之时，中原人民不堪忍受元朝政府的残酷统治，于是便用小纸条写好"八月十五夜起义"，夹在饼里挨家发放，后来起义成功，元朝政权被推翻，八月十五吃月饼的习俗就逐渐流传下来，《明实录·神宗实录》里就记载了皇帝十次赐给大臣月饼。

明朝时，拜月的传统已经深入民心，月饼在这个时期因为常常会在月饼皮上印嫦娥奔月的图案，自己本身的样子又圆圆的很像月亮，因此人们在拜月的时候大多会选择用月饼作为供品，等到拜月仪式之后，人们认为月神已经将祝福传达到了月饼中，于是会分食月饼，借此得到月神的祝福。

此后，月饼就成了中秋节必不可少的一样食物了。

古代"月光纸"

图说

清朝时，人们在拜月的时候还需要一种叫作"月光纸"的东西，又叫作"月光马"。清朝的富察敦崇在《燕京岁时记》中记载："月光马者，以纸为之，上绘太阴星君，如菩萨像，下绘月宫及捣药之兔。人立而执杵，藻彩精致，金碧辉煌，市肆间多卖之者。长者七八尺，短者二三尺，顶有二旗，作红绿，粒或黄色，向月而供之。焚香行礼，祭毕与千张、元宝等一并焚之。"

兔儿爷

图说

明末的时候，人们在拜月之前会用泥捏造一个穿着人类衣服的兔子形象，专供儿童拜月，名叫"兔儿爷"。到了清朝的时候，兔儿爷就已经成了儿童的中秋节玩具，后来有人仿照戏曲人物，把兔儿爷做成了骑着狮、象等猛兽，或者骑着孔雀、仙鹤等飞禽，身上穿着金盔金甲的武士造型。而且兔儿爷在自身形象上也已经与人类相差无几，只是比人类多了一对长耳朵，嘴巴也分了三瓣而已。

桂花酒

汉朝时，刘安与其门客们在编写《淮南子》的时候，不但扩写了嫦娥奔月的故事，而且还留下了"月中有桂树"的记载。唐朝段成式的《酉阳杂俎》中，又记录了一个名叫吴刚的修仙者，因为犯了错误，被罚去砍月亮上那棵能不断愈合的桂树，什么时候桂树被砍倒了，什么时候才能回来。

桂树在古代的时候被认为是不老树，服用桂花可以延年益寿，中秋节时恰好是南方桂花开得正好的时候，因此桂花酒就成了中秋节时常备的酒水了。

桂花酒

中秋观潮

在江南地区，中秋节里最隆重的活动除了当夜的赏月、逛花灯之外，还有观潮。古人早已明了月象与潮汐之间的关系，观潮也被作为中秋节的活动之一。每年八月十八是钱塘潮水最大的时候，这个时间恰好与中秋节是重叠的，所以古人会趁着节日的兴致涌向江边。鼎鼎大名的钱塘潮有许多文人为其作传，《杭俗遗风》里描绘了大潮的情景："起始之时，微见远处如白带一条迤逦而来，顷刻波涛汹涌，水势高有数丈，满江沸腾，真乃大观也。"

元代的《武林旧事》中记载了公元1183年，农历八月十八日，宋孝宗在浙江观潮的盛况。文中说："自龙山已下，贵邸豪民，彩幕凡二十余里，车马骈阗，几无行路。西兴一带，亦皆抓缚幕次，彩绣照江，有如铺锦。市井弄水人，有如僧儿、留住等凡百余人，皆手持十幅彩旗，踏浪争雄，直到海门迎潮。又有踏混木、水傀儡、水百戏、撮弄等，各呈伎艺。并有支赐。太上喜见颜色，曰：'钱塘形胜，东南所无。'"

这段文字说的是当时观潮的情景，当地的富人们全都出来了，车马把二十多里的道路全给堵塞住了，江边还挂满了彩色的锦缎。除了观潮者之外，还有一些人正在表演"水上杂技"。在南宋时期，在钱塘江里玩类似现代冲浪运动的人有很多，这些人被称作"弄潮儿"，大都是一些城里的无业游民，他们有的使用滑板在水上滑动，有的手里还拿着彩色的旗杆。可见观潮活动从古至今始终魅力无穷。

延伸思考

农历八月十五为什么被称为"中秋"？

你还知道哪些关于月亮的传说？

诗文链接

水调歌头·明月几时有

宋·苏轼

丙辰中秋，欢饮达旦，大醉。作此篇，兼怀子由。

明月几时有？把酒问青天。不知天上宫阙，今夕是何年。我欲乘风归去，又恐琼楼玉宇，高处不胜寒。起舞弄清影，何似在人间？

转朱阁，低绮户，照无眠。不应有恨，何事长向别时圆？人有悲欢离合，月有阴晴圆缺，此事古难全。但愿人长久，千里共婵娟。

登高饮酒消灾避祸的重阳节

现代·郭沫若《节过重阳》

在我国古代，数字也是有阴阳之分的，其中"九"这个数字是阳数中数值最大的一个，在后世有至尊之意。农历九月初九这天，是两个阳数相逢的日子，因此被命名为"重阳"。又因为这天"九"这个数字出现了两次，所以又有"重九"之称。

据汉朝刘歆的《西京杂记》记载，曾有一位服侍过汉高祖宠妃戚夫人的宫

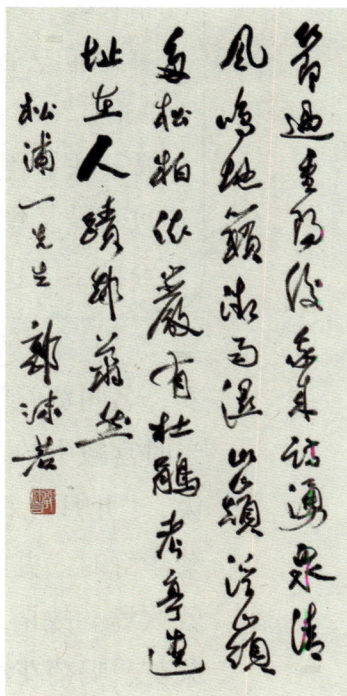

重阳糕

宋朝的宋祁有一首《九日食糕》诗："飚馆轻霜拂曙袍，糗餈花饮斗分曹。刘郎不敢题糕字，虚负诗家一代豪。"诗中所写的"刘郎"指的是唐朝诗人刘禹锡。宋朝邵博所编著的《邵氏闻见后录》对这首诗中提到"刘郎"的这句做出了解释，说是刘禹锡在重阳节吃重阳糕的时候本想赋诗一首，但意识到"五经"中并没有"糕"这个说法，于是放弃了做诗。宋祁在知道这个典故之后，对刘禹锡的做法不以为然，觉得他辜负了自己"诗豪"的名称，于是就写下了这首《九日食糕》。

女，名叫贾佩兰，这位宫女后来出宫嫁人，于是就将一些当时宫殿中的日常生活习惯带到了民间。据这位贾佩兰所说，"九月九日佩茱萸。食蓬饵。饮菊华酒。令人长寿。菊华舒时。并采茎叶杂黍米酿之。至来年九月九日始熟。就饮焉。故谓之菊华酒"。可以看出，此时的人只是佩戴茱萸、喝菊花酒、吃一些应节食物而已。

到了南北朝时，重阳节出现了一个传说，吴均的《续

敦煌莫高窟第61窟五台山庆祝重阳

齐谐记》中记载："汝南桓景随费长房游学累年，长房谓曰：'九月九日，汝家中当有灾。宜急去，令家人各作绛囊，盛茱萸，以系臂，登高饮菊花酒，此祸可除。'景如言，齐家登山。夕还，见鸡犬牛羊一时暴死。长房闻之曰：'此可代也。'今世人九日登高饮酒，妇人带茱萸囊，盖始于此。"这个传说用故事向人们传达了过重阳节的意义——躲避时疫。

佩戴茱萸

茱萸，又名"越椒""艾子"，是一种常绿带香的植物，具备杀虫消毒、驱寒祛风的功能，是一种著名的中草药。

清乾隆御制诗痕玉菊花式碗

九月份正是茱萸长势最好的时候，晋朝周处在《风土记》上记载："九月九日折茱萸以插头上，辟除恶气而御初寒。"

到了南北朝时，人们根据"桓景避时疫"的传说，用红色的布做成袋子，然后采摘茱萸放进袋子中，再将袋子绑在胳膊上，借此希望能够远离疾病。

饮菊花酒

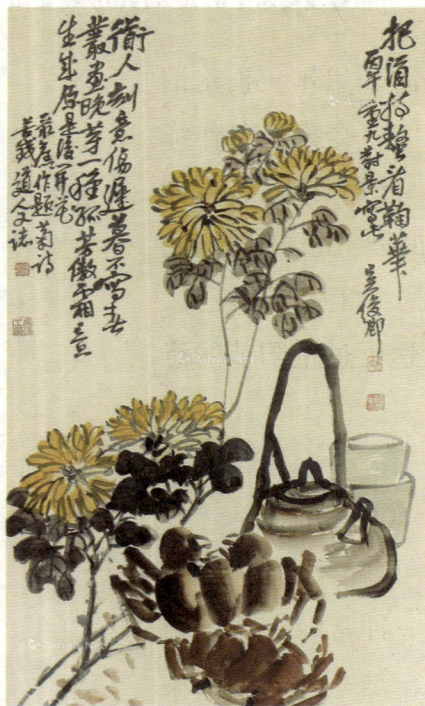

清·吴昌硕《菊花酒》

菊花酒，是由菊花与糯米、酒曲酿制而成的酒，它的味清凉甜美，因为据有养肝、明目、健脑、延缓衰老等功效，因此古人又称它为"长寿酒"。

晋朝时，陶渊明十分喜爱菊花不跟百花争艳的孤傲之气，并赋了许多与菊花有关的诗，于是，在后世文人的心中，菊花成为了"花中隐士"，是高洁之士的代表，因此喝菊花酒也成为了一种风雅之事。

登高

重阳节登高的习俗至少在晋朝时就已经存在了，《晋书》上有这样一段记载："九月九日，温燕龙山，僚佐毕集。时佐吏并著戎服，有风至，吹嘉帽堕落，嘉不之觉。温使左右勿言，欲观其举止。嘉良久如厕，温令取还之，命孙盛作文嘲嘉，著嘉坐处。嘉还见，即答之，其文甚美，四坐嗟叹。" 这段话的意思是，有一年的重阳节，大将军桓温照例率领幕僚到龙山登高。当时的官吏们都穿着戎装，席间一阵山风吹过来，吹落了孟嘉头上的帽子，他却浑然不知。桓温不让旁边的人提醒孟嘉，想看看孟嘉的举止。等到孟嘉去厕所的时候，桓温才让人把孟嘉的帽子捡回来，并让孙盛在孟嘉的位置上写了一篇文章，用来戏弄他。等到孟嘉回来看见这篇文章，就立即创作了一篇文采四溢的答词，为自己的落帽失礼辩护，在座的人无不惊佩他的才思敏捷，气质不凡。后来，人们使用"龙山落帽"来赞扬人的气度宽宏、风流倜傥、潇洒儒雅。

人们最开始登高还只是大家聚宴欢饮，后来，由于登高避瘟疫的传说广为人知，于是登高祈求消灾除病的习俗便流传开来，到如今，很多疾病已经不再使人恐惧，因此，登高就变成了游赏秋景，强身健体的一种过节方式。

吃重阳糕

重阳糕，又叫作"花糕""菊糕"。这是一种用米粉、豆粉等为原料，和成面团、制成糕点后，用枣、栗、杏仁等物进行点缀，然后或蒸或烙而做成的应节食物。有的地方还会在做好的糕点上插五色彩旗，或是印上双羊图案作为装饰。

对于重阳糕的出现，有两种说法，一种说法是重阳糕是由汉朝的"蓬饵"演化而来，吃了之后可以驱除病魔；还有一种说法是，因为当时的人受到了自己居住地区的地形限制，一些地方的人并没有山能在重阳节的时候以供攀登，因此便做糕，来呼应登高的"高"，并认为吃了重阳糕之后，能够万事皆高，十分吉利。

延伸思考

你知道重阳节是从什么时候成为敬老节的吗？

赏菊

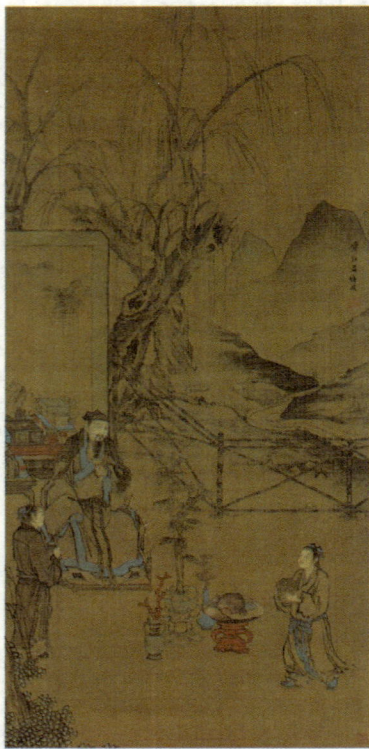

清·吕焕成《重阳赏菊图》

重阳节除了喝菊花酒之外，人们还会欣赏菊花，农历九月的时候，正好是菊花盛开的时节。自宋朝以来，人们开始刻意对菊花进行栽培，增添了不少新品种。到了明清之际，每逢重阳节的时候，豪门大富之家还会将菊花聚集在一处，做出一种名叫"九花塔"的高台，以供人们观赏、品玩，这有点类似于现代的菊花展。

山茱萸

图说

　　山茱萸是我国传统中药材，去核后的果肉可入药，能抑制痢疾杆菌、伤寒杆菌、金黄色葡萄球菌及某些皮肤真菌，还有利尿、降压、防癌的作用。

菊花

图说

　　菊花是中国十大名花之一，与梅、兰、竹并称"花中四君子"，因为菊与"据"同音，"九"又与"久"同音，所以菊花有着长寿或长久的意象。

重阳节自古已有，早在春秋战国时的《楚辞》中已有提及，屈原的《远游》里写道："集重阳入帝宫兮，造旬始而观清都。"这里的"重阳"是指天，还不是指节日。三国时魏文帝曹丕《九日与钟繇书》中，则已明确写出重阳的饮宴了："岁往月来，忽复九月九日。九为阳数，而日月并应，俗嘉其名，以为宜于长久，故以享宴高会。"到了今天，重阳节又被赋予了新的含义。1989年，我国将每年的农历九月初九定为"老人节""敬老节"。在这一天，全国各机关、团体、街道，往往都在此时组织从工作岗位上退下来的老人们秋游赏景，或临水玩乐，或登山健体，让老人的身心都沐浴在大自然的怀抱里；不少家庭的晚辈聚在一起，或搀扶着年老的长辈到郊外活动，或为老人准备一些可口的饮食。传统与现代的巧妙结合，使得重阳节也成为了尊老、敬老、爱老、助老的节日，留给未来更多的优秀内涵。

🔗 诗文链接

重阳

唐·赵嘏

节逢重九海门外，家在五湖烟水东。
还向秋山觅诗句，伴僧吟对菊花风。

吃着暖粥过腊八

腊八

所谓腊月，就是农历的十二月，腊八节，是设在每年农历腊月初八的一个节日。

"腊"是"猎"的通假字。早在先秦时期，人们会在每年的最后一个月猎杀禽兽，来对各种神仙以及家中先祖进行拜祭，希望能够借

由这种仪式获得神仙与先祖的眷顾，保佑自己及家人获得幸福与吉祥，这种祭祀仪式在夏朝叫做"嘉平"，在殷朝叫做"清祀"，周朝时叫作"大蜡"，汉朝时就叫"腊"。

煮腊八粥

腊八粥是在腊月初八这日所煮的杂粮粥，所选配料包括但不限于大米、小米、糯米、高粱米、紫米、薏米等谷类，黄豆、红豆、绿豆、芸豆、豇豆等豆类，红枣、花生、莲子、枸杞子、栗子、核桃仁、杏仁、桂圆、葡萄干、白果等干果。在制作腊八粥时，选择自己喜爱的配料，熬煮成粥就可以了。

现代·冯远《腊八喝粥》

关于腊八粥，明朝时有一个说法，说是朱元璋在未做皇帝之前，日子过得很苦，有一年的腊月初八，他又冷又饿，实在受不了了，就从田鼠洞里翻找出来一些红豆、大米、大枣之类的粮食，并熬了一锅粥，终于将身体暖和了过来。后来他当了皇帝，回忆起之前过的苦日子，就决定将腊月初八这天作为一个节日，以便时时提醒自己应当勤勉为政，不要贪图享乐。

腊八粥

图说

腊八粥的主要原料为谷类，常用的粳米含蛋白质、脂肪、碳水化合物、钙、磷、铁等成分，糯米适合脾胃功能低下者食用，薏米具有健脾、补肺、清热、渗湿的功能；而作为配料的豆类里，黄豆营养十分丰富，赤小豆具有健脾燥湿、利水消肿之功效；再加上能够益智健脑的核桃仁及润肺和胃的花生等果仁，使得腊八粥不仅是一种传统美食，更成为一种养生佳品。

腊八蒜

图说

　　在我国北方地区，每年农历腊月初八，人们会将食醋倒入一个可以密封的罐子里，然后向罐子里放入已经剥了皮的蒜瓣儿，将罐子密封后，放到阴凉处，过段时间蒜瓣就会变成翡翠一样的绿色，这叫作"腊八蒜"，而泡过蒜瓣儿的醋，味道会更加纯正，而且久放不坏，就叫作"腊八醋"。

麦仁饭

延伸思考

农历十二月为什么叫"腊月"？

　　青海西宁地区的人，做成了独属于他们的腊八粥——"麦仁饭"。西宁人在腊八这天会把新碾好的麦仁与牛羊肉加上青盐、姜皮、花椒、草果、苗香等佐料，用文火煮熬一夜，成为饭食。

腊八豆腐

图说

腊八豆腐是安徽省黄山市黟县的民间风味特产，它是在腊八前后，用布袋装豆花，挤紧脱水后放在户外进行自然晾晒而做成的。

寒冬腊月要"吃冰"

俗话说："腊七腊八，冻死叫花。"众所周知，腊八节最普遍的风俗就是喝腊八粥，不过，吃"腊八冰"在部分地区也是传统习俗中腊八节的重要组成部分。俗语中有"来年成不成，先看腊八冰"的说法。腊八这一天清晨，人们还要到河边、泉边去砸冰，将之背回家，谓之"腊八冰"。

在青海，腊八节时就有献冰、吃冰的习俗。腊月初八，正当三九，天寒地冻，河床坚冰如铁，天亮前人们便到河床凿冰，之后取来如白玉水晶似的冰块，供献在粪堆、地头、庭院中心、槽头棚圈中、果树枝杈上，以示来年雨水充足，风调雨顺。男女老少不怕牙冷舌冻，如吃冰糖一样，"嘎巴嘎巴"嚼食几块冰下肚，寓意消病除灾。腊八过后，就要辞旧岁、迎新春，开始"忙腊月"了。

谁起得早，第一个打上冰，谁就有更好的运气。据说，腊八冰能治百病，这一天打来的冰，要放很长时间，好让孩子们有一段吃冰的快乐。当然，大人们也会吃。有意思的是，无论你怎样吃，都不会拉肚子。女人这一天要用"腊八冰"、碗豆与青稞合磨成的面散搅团。

当然，这些说法只是传统习俗，腊八冰不可能真的包治百病。但是"吃冰"这种习俗并非伪科学，冬季由于严寒，吃的食物大多属于热燥上火的食物，人很容易出现各种上火症状，因此，冬季饮食中，润燥、降火也是人们关注的重点。在腊八节这一天，适当吃少量的冰，不但能够享受一把反季节的乐趣，凑一凑节日的热闹，也有助于适当平息体内火气，平衡人体阴阳。

🔗 **诗文链接**

唐辰腊八日大雪二首（其一）

宋·张耒

东州逢腊雪，却忆竟陵梅。

客路人方远，天涯雁欲回。

遥怜檐外白，还点砌边苔。

久是无人过，谁知照酒杯。

此日黑夜最漫长——冬至

冬至是北半球各地白昼最短的一天，而且是越向北白昼越短暂，到了北极圈以北的地区甚至没有白昼。我国古人认为物极必反，冬至这一天是阳气即将复苏的时候，因此又名"一阳生"。

冬至与夏至是二十四节气中最先被测定出来的两个节气。周朝时，冬至被当作新年的第一天。秦朝和汉朝初期也沿用了周朝时的历法，直到汉武帝时，人们开始使用夏历，冬至才只代表

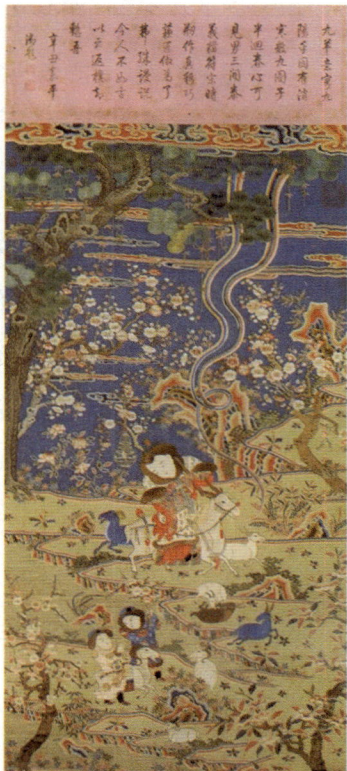

清乾隆年制缂丝加绣《九阳消寒图》轴

管 城 春 满

待	柳	亭
春	珍	前
风	重	垂

九九消寒

图说

"九九消寒图"是清朝时的一种文字版的图样，根据民国时期徐珂所编著的《清稗类钞·时令类》记载："宣宗御制词，有'亭前垂柳，珍重待春风'二句，句各九言，言各九画，其后双钩之，装潢成幅，曰九九消寒图，题'管城春满'四字于其端。南书房翰林日以'阴晴风雪'注之，自冬至始，日填一画，凡八十一日而毕事。"

了节气，叫作"冬节"。在开始过"冬节"的汉朝，官员们会从冬至这天开始放三天假，商家也会休市三天。魏晋之后，人们会在冬至这天向自家长辈们拜节，到了唐宋时期开始有了祭祀祖先的仪式。至于明清两朝，每逢冬至，皇帝们还会率领百官前往天坛祭天。

数九与消寒图

从进入冬至开始，北方地区的人们就开始以每九天为一组，将整个冬天划分成九个不同的阶段，并编成了口诀："一九、二九不出手，三九、四九冰上走，五九、六九沿河看柳，七九河开，八九燕来，九九加一九耕牛遍地走。"

为了能够更好地记录"数九"时所过的天数，人们绘制出了一种叫作"消寒图"的东西。据明朝刘侗、于奕正所著的《帝京景物略》记载："日冬至，画素梅一枝，为瓣八十有一，日染一瓣，瓣尽而九九出，则春深矣，曰'九九消寒图'。"就是说，先用墨笔画一只素梅，并画出八十一朵梅花瓣，每天用笔涂一瓣梅花，等到都涂满的时候，"九九"已过，春天也就到来了。还有一些人会在记录天数的时候，根据天气的不同，用笔涂在梅花瓣上的位置也不同，这种涂梅瓣记天气的方法也有一个口诀："上点天阴下点晴，左风右雨雪当中。九九八一全画尽，花草萌芽起春风。"这种方法有助于劳动人民根据从冬至到"出九"这段时间内的天气情况，来判断接下来一整年的天气情况，从而推断来年庄稼的丰歉。

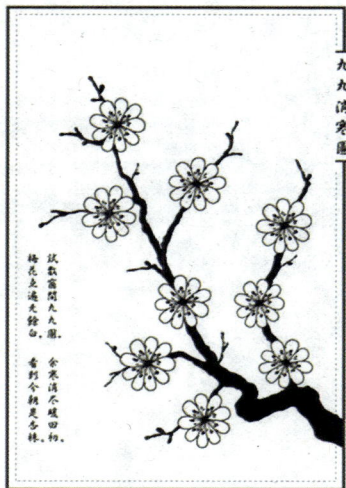

消寒图梅花版

延伸思考

古人通过消寒图可以记录哪些事情？

你知道哪些防寒保暖的手段？

冬至食俗

古人在冬至这天有不同的饮食习俗，北方人认为，饺子的形状似耳朵，因此冬至这天吃饺子可以保证不会冻伤耳朵；山东滕州的人则认为冬至时喝羊汤、吃羊肉会交好运；浙江台州的人会用糯米粉和温水揉成面团，再将面团分成数个小面团，并揉圆煮熟，之后将这些小圆子放在拌入了红糖的黄豆粉里滚拌，就成了冬至里的一道美食"擂圆"；姑苏地区的人会在桂花开放时，采摘桂花拌入糯

冬至颐和园雪景

饺子

图说

传说饺子是由东汉时的名医张仲景发明的，是为了防止人们在冬季冻伤耳朵而做出来的食物。它在三国时期被称作"月牙馄饨"，南北朝时期称"馄饨"，唐代称"偃月形馄饨"，宋代称"角子"，元明时期称"扁食"，清朝则称为"饺子"。

米、酒曲酿成酒，到了冬至这天便饮用此酒，名为"冬酿酒"；安徽合肥的人会在冬至这天吃面条；而浙江嘉兴人则会吃桂圆烧蛋。

我国古代对冬至这一节气十分重视，冬至被当作一个较大节日，曾有"冬至大如年"的说法。我国古代将冬至分为三候："一候蚯蚓结；二候麋角解；三候水泉动"。传说蚯蚓是阴曲阳伸的生物，此时阳气虽已生长，但阴气仍

北京天坛

图说

明永乐十八年（1420），仿南京形制建天地坛，合祭皇天后土，当时是在大祀殿行祭典。嘉靖九年（1530），嘉靖皇帝决定天地分祭，在大祀殿南建圜丘祭天，在北域安定门外另建方泽坛祭地。嘉靖十三年（1534），圜丘改名天坛，方泽坛改名地坛。大祀殿废弃后，改为祈谷坛。嘉靖十七年（1538）祈谷坛被废，于嘉靖十九年（1540）在坛上另建大享殿，嘉靖二十四年（1545）建成。清乾隆十六年（1751）改名祈年殿。

然十分强盛，土中的蚯蚓仍然蜷缩着身体；麋与鹿同科，却阴阳不同，古人认为麋的角朝后生，所以为阴，而冬至一阳生，麋感阴气渐退而解角；由于阳气初生，所以此时山中的泉水可以流动并且温热。因为冬至并没有固定于特定一日，因此和清明一样，被称为"活节"。

古时民间以冬至日的天气好坏与来到的先后，预测未来的天气。俗语说"冬至在月头，要冷在年底；冬至在月尾，要冷在正月；冬至在月中，无雪也没霜"，这是依据冬至日到来的早晚，推测寒流到来的早晚；俗语也说"冬至黑，过年疏；冬至疏，过年黑"，意思是：冬至这天如果没有太阳，那么过年一定晴天，反之，如果冬至放晴，过年就会下雨。

🔗 诗文链接

冬至

宋·王安石

都城开博路，佳节一阳生。

喜见儿童色，欢传市井声。

幽闲亦聚集，珍丽各携擎。

却忆他年事，关商闭不行。